Elizabeth Clare Prophet

Alchemie des Herzens

ALCHEMIE DES HERZENS

Wer mehr liebt
wird mehr geliebt

ELIZABETH CLARE PROPHET
und PATRICIA R. SPADARO

Aus dem Amerikanischen
von Christian Schweiger

SILBERSCHNUR

This book was originally published in English and printed in the U.S.A. This German edition is published under the terms of a License Agreement between Verlag »Die Silberschnur« and Summit University Press.

Contact:
Summit University Press
63 Summit Way, Gardiner, Montana 59030
Tel.: 406-848-9500 - Fax: 406-848-9555
E-mail: info@summituniversitypress.com
Website: http://www.summituniversitypress.com

Originaltitel: *Alchemy of the Heart* from the Pocket Guides to Practical Spirituality Series by Elizabeth Clare Prophet and Patricia R. Spadaro

ISBN 978-3-89845-050-8

1. Auflage 2003 3. Auflage 2007
2. Auflage 2005 4. Auflage 2009

Gestaltung & Satz: XPresentation, Boppard
Druck: Finidr, s.r.o. Cesky Tesin, Tschech. Rep.

Verlag »Die Silberschnur« GmbH · Steinstraße 1 · D-56593 Güllesheim

www.silberschnur.de | E-Mail: info@silberschnur.de

Inhaltsverzeichnis

Anmerkung: Da die geschlechtsneutrale Sprache nicht nur unhandlich, sondern oft auch verwirrend ist, haben wir uns dazu entschlossen, uns im folgenden Text mit *Er* auf Gott oder das menschliche Individuum zu beziehen. Natürlich soll dies keinesfalls das weibliche Geschlecht oder den femininen Aspekt des Göttlichen ausschließen, sondern lediglich die Lesbarkeit des Texts erleichtern. Auch das Wort *Gott* oder *Geist* schließt andere Ausdrücke des Göttlichen keineswegs aus.
Die Namen von Personen wurden abgeändert.

1

Öffnung des Herzens

Die höchste und perfekteste Liebe beginnt mit dem individuellen Ausdruck des Herzens. Doch singt jedes Herz ein anderes Lied.

1. Öffnung des Herzens

Mehr Liebe schenken können

Schöne Seelen sind universell, offen und bereit für alles.
– Montaigne –

Eines frühen Morgens begleitete Malcolm Muggeridge Mutter Teresa durch das verschlafene Kalkutta zum Bahnhof, um sie zu verabschieden: „Als der Zug abfuhr und ich wieder heimging, hatte ich das Gefühl, alle Schönheit, alles Glück der Erde hinter mir zu lassen. Es schien, als hätte Gottes allumfassende Liebe auf Mutter Teresa abgefärbt."

Auch Muggeridge bekam diese universelle Liebe Gottes zu spüren. Denn alle, die die lebende Flamme der Liebe verkörpern, sind Alchemisten: Sie verwandeln alles, womit sie in Berührung kommen. Das Leben des steifen, agnostischen Journalisten Muggeridge wurde durch seine Begegnungen mit Mutter Teresa, die er erstmals in den 60er-Jahren interviewte, radikal verändert.

„Für mich“, schreibt er, „ist Mutter Teresa die Liebe in Aktion, … ein hell leuchtendes Licht in finsteren Zeiten.“[1]

Egal wer wir sind und was unsere Berufung ist – wir können alle zu Zauberern der Liebe werden. Wir können andere Herzen berühren, die nur darauf warten, den einzigartigen Ausdruck unseres Herzens zu erwidern.

Gibt es Wichtigeres als immer mehr lieben zu wollen? Ein Schüler fragte Buddha einmal: „Könnte man sagen, dass ein Teil unserer Ausbildung darin besteht, unsere Liebe und unser Mitgefühl zu entwickeln?“ Buddha antwortete: „Nein, man muss es anders formulieren. Unsere ganze Ausbildung besteht darin, unsere Liebe und unser Mitgefühl zu entwickeln.“

Apostel Johannes sagt in seinen schönen Worten zur Liebe dasselbe: „Liebe Freunde, wir wollen einander lieben, denn die Liebe kommt von Gott. Wer liebt, ist ein Kind Gottes und zeigt, dass er Gott kennt. Wer nicht liebt, kennt Gott nicht, denn Gott ist die Liebe.“ Ist Gott aber die Liebe, und sind wir nach seinem Ebenbild geschaffen, wie es nicht nur aus der Genesis, sondern ebenso aus den östlichen Weisheitslehren hervorgeht, so ist auch die Essenz unseres Lebens die Liebe. Gott schuf das Universum, damit wir – und er – die Wunder der Liebe erfahren können.

Deshalb haben auch die meisten – wenn nicht überhaupt alle – wichtigen Themen des Lebens mit dem angeborenen Bedürfnis zu tun, Liebe zu schenken und zu empfangen. Wenn wir uns beschweren, nicht genug von unseren Mitmenschen geschätzt oder respektiert zu werden, so sehnen wir uns eigentlich nach Liebe. Auf unserem manchmal mühsamen Weg durch das Labyrinth des Lebens suchen wir vor allem nach der Wiedererlangung der göttlichen Liebe, die unserer Seele angeboren ist.

Dieser Weg führt uns über die Gipfel und durch die Schluchten unserer Innenwelt, die von unserem Karma, den Folgen all unserer bisherigen Entscheidungen geschaffen wurde. Bei jeder Abzweigung unseres Lebensweges stehen wir wieder vor derselben Entscheidung: Schenke ich meine Liebe oder nicht, öffne ich mein Herz und teile meine Gaben oder schließe ich es und tue so, als ob niemand zu Hause wäre.

Da diese Reise nicht immer leicht ist, wählen wir manchmal den sichereren, bequemeren Weg. Manchmal hat uns das aber auch unwiederbringlich vom eigentlichen Höhenpfad entfernt. Doch ist auch das verständlich. Vielleicht haben wir in früheren Jahren – oder Leben – so schmerzhafte Seelenwunden erlitten, dass wir fürchten, unser Herz zu öffnen und abermals abgewiesen zu werden. Vielleicht sind wir auf andere oder gar auf Gott böse, da wir sie für den Verlust geliebter Menschen verantwortlich machen. Manchmal ergehen wir uns aber auch so in Schuldgefühlen, dass wir davon überzeugt sind, die Liebe unserer Mitmenschen gar nicht zu verdienen.

In vielen Fällen führt das dazu, dass wir uns unbewusst vor der Außenwelt verschließen. Wir ziehen uns in die Festung unseres Herzens zurück und errichten Schutzwall um Schutzwall, damit uns bloß niemand zu nahe kommt und auch wir diese Sicherheitsdistanz mit unserer Umwelt wahren können. Natürlich isolieren wir uns durch all diese Barrieren gerade von dem, was wir am meisten brauchen – eine intime Erfahrung gegenseitiger Liebe.

Dann ist der Zeitpunkt gekommen, wo das Universum eingreift, um uns wieder auf den Höhenweg zurückzubringen. Mein Lehrer und verstorbener Gatte Mark L. Prophet sagte einmal: „Alle Erfahrungen unseres Erdenlebens sind nur dazu da, uns die Bedeutung der Liebe klarzumachen. In jeder Beziehung erfahren wir diese Bedeutung der Liebe. Die Erziehung der Seele basiert allein auf dieser Lehre der Liebe. Denn die Liebe ist die Kraft, die das Universum in Bewegung setzt und den einen reinen Klang freisetzt, der uns die eigene Gegenwart Gottes und unseren eigenen göttlichen Lebensplan bewusst macht."

Haben wir erkannt, dass all unsere Erfahrungen allein dem Zweck dienen, uns zu zeigen, wie wir mehr lieben und geliebt werden können, so erscheinen die Umstände unseres ganzen Lebens plötzlich in einem ganz anderen Licht. Wir werden uns der Notwendigkeit dieses Pfads der Liebe bewusst. Der Weg durch die Höhen und Tiefen unseres Lebens wird zu einer heiligen Pilgerreise.

„Sei allem Ungelösten in deinem Herzen gegenüber geduldig und versuche, die Fragen selbst zu lieben", schreibt Rainer Maria Rilke. „Lebe die

Fragen jetzt." Und wie lauten solche Fragen, die wir auf unserem Meisterkurs des Herzens leben müssen? Hier sind ein paar Beispiele:

Du klopfst an die Tür der Wirklichkeit, schüttelst die Flügel deiner Gedanken, lockerst deine Schultern und öffnest dich. – Rumi

Wie kann ich mein Herz öffnen, um meine Liebe mit meinen Mitmenschen zu teilen? Wie kann ich mein Herz so stärken, dass ich meinen Lebenszweck erfüllen und das Leid anderer lindern kann? Wie kann ich anderen geben und zugleich auch mir selbst das Notwendige zugestehen? Wie gelange ich in mein Herz, um die inneren Feuer der Liebe anzufachen? Wie werde ich zu einem lebenden Liebeszauberer?

Die Alchemie beginnt mit der Perspektive des Herzens.

Die Perspektive des Herzens

„Wo liegt die Wahrheit?"
„Im Herzen", antwortete er.
„Denn im Herzen offenbart sich
dem Menschen die Wahrheit."
- Brihad Aranyaka Upanischad -

Wenn wir von Alchemisten sprechen, so denken wir oft zuerst an die mittelalterlichen Forscher, die versuchten, einfaches Metall in Gold zu verwandeln. Doch suchte so mancher Alchemist in Wahrheit nach den Schlüsseln spiritueller Wandlung und nach dem ewigen Leben schlechthin. So ist die alchemistische Suche nach dem Gold eher symbolisch zu verstehen, da man vielmehr versuchte, die rein stoffliche Grundlage unserer körperlichen Existenz zum Gold ihrer höchsten Möglichkeiten werden zu lassen.

Alchemie kann also durchaus als Weg des inneren Wandels verstanden werden – eines Wandels der Bedingung jeden spirituellen Wachstums ist. So schreibt auch der große, persische Mystiker Jelaluddin Rumi: „Die einzige Wahrheit liegt in der Alchemie eines sich wandelnden Lebens.“[2]

Der Alchemist und Meister Saint Germain lehrt, dass der springende Punkt der Wirklichkeit im Herzen liegt und der Schlüssel zum Verständnis der Wirklichkeit einer jeglichen Situation durch die Perspektive des Herzens zu erkennen ist. „Ruhst du in deiner Herzensmitte, so siehst du alle Dinge, wie sie wirklich sind“, schreibt er.

Diese Perspektive des Herzens bedeutet bewusstes Denken, Fühlen, Handeln und Atmen mit dem Herzen. Jede auch noch so alltägliche Handlung, wie z. B. jemandem eine Tasse Tee servieren, kann aus dem Herzen heraus geschehen. Diese Lebenssicht wird nicht nur unser Verhältnis zu den Mitmenschen, sondern auch zu uns selbst ändern. Die Perspektive des Herzens ist von tiefer Aufrichtigkeit und Mitgefühl geprägt.

Ein weiser Mönch wurde einmal von seinen Schülern gefragt, als sie einen Mitbruder während der Gebetsstunde schlafen sahen: „Sollen wir ihn zwicken, damit er wach bleibt?“ Der Mönch erwiderte: „Wenn ich einen Mitbruder schlafen sähe, würde ich seinen Kopf in meinen Schoß legen und ihn weiterschlafen lassen."[3] Das ist die Perspektive des Herzens.

Mit einer solchen Lebenseinstellung behalten wir immer einen warmen und offenen Platz für leidende Mitmenschen in unserem Herzen. Die Perspektive des Herzens ist ein kreativer Geist, der jeder Herausforderung mit Liebe begegnet und eine einzigartige, höhere Lösung für jedes auch noch so komplizierte Problem findet.

In seinem Buch *Das Vermächtnis des Herzens* erzählt Wayne Muller eine vietnamesische Geschichte, die aufzeigt, dass jede scheinbar unlösbare Situation zu einer Gelegenheit werden kann, mehr Liebe zu schenken und zu bekommen:

„In der Hölle bekommt jeder genug zu essen. Nur bekommen alle dazu meterlange Stäbchen. So hat jeder zwar die nötige Nahrung, kann sie jedoch nicht zum Mund führen. Auch die Himmelsbewohner bekommen solche langen Stäbchen, doch benutzen sie sie, um sich gegenseitig zu essen zu geben. Jeder Akt der Nächstenliebe kann die Hölle zum Himmel werden lassen."[4]

Unser Leben ist voll von Gelegenheiten, die Perspektive des Herzens zu üben. So sehr unsere Welt auch von Wettkampf- und Konkurrenzdenken geprägt sein mag, so steht uns doch immer und überall die Möglichkeit dieser Alternative offen.

Es genügt nicht, einfach nur zu denken, zu sprechen oder zu fühlen. Solange unser Kopf, unser Ego oder diverse Abwehrmechanismen für uns handeln, ist das Herz zum Stillschweigen verurteilt. Es für uns sprechen, fühlen und denken zu lassen, bedarf einiger Übung – aber es ist möglich.

Durch diese Perspektive des Herzens bemühen wir uns bewusst, den Bezug zur Schönheit der Seele und nicht zu den äußeren Merkmalen einer Persönlichkeit herzustellen. Wir versuchen nicht, über andere zu urteilen, da wir nie wissen, welche Last sie zu tragen haben oder ob wir ihre Taten auch wirklich richtig interpretiert haben. Henry Wadsworth Longfellow schrieb einmal: „Jeder Mensch hat seine geheimen Sorgen, die die Welt nicht kennt. Wie oft halten wir andere für kalt, wo sie eigentlich nur traurig sind.“

Manchmal nimmt uns unser Alltag so in Anspruch, dass wir uns nicht die Zeit nehmen, das

Leben durch das Herz anzugehen. Als 40 amerikanische Professoren einmal Mutter Teresa in Kalkutta besuchten, ergriff einer von ihnen das Wort: „Sagen Sie uns doch etwas, was unser Leben verändern wird!“ Wahrscheinlich war er keineswegs auf ihre einfache Antwort gefasst: „Lächeln Sie einander an“, erwiderte sie. „Nehmen Sie sich Zeit für die anderen und genießen Sie einander.“ Mit anderen Worten, vergesst euer Herz nicht.

Das Herz ist der Spiegel der Wirklichkeit. – Lahiji

Die beredtesten und scharfsinnigsten Lehren über das Herz finden wir in den Schriften Rumis. Schon nach wenigen Zeilen wird uns klar, dass die Perspektive des Herzens sich um 180 Grad von der unserer vorgefertigten Meinungen unterscheiden kann. In einem von Rumis Gedichten trifft Moses einen Hirten, der sich angeregt mit Gott unterhält. In seinem inspirierten Monolog ereifert sich der Hirte, Gott die Schuhe zu flicken, die Wäsche zu waschen oder das Zimmer zu kehren. Moses wendet sich angewidert vom Hirten ab und tadelt seine unangebrachte Vertraulichkeit, die klingt, als plaudere er mit einem seiner Onkel. Nachdem der

Hirte seinen Weg in die Wüste fortgesetzt hat, stellt Gott Moses zur Rede: Nicht die Art der Gottesverehrung sei wichtig, sondern die Flamme der Liebe in unserem Inneren. „Ich höre nicht die Worte, sondern sehe in euch hinein."[5]

Durch die Perspektive des Herzens werden wir bald erkennen, wie oft unser Leben uns Gelegenheit dazu gibt, unsere Nächstenliebe unter Beweis zu stellen oder etwas Neues über Liebe zu lernen.

Patrick sieht die Herausforderungen des Lebens als eine Reihe von Weckrufen Höherer Liebe. Mit 37 erlitt er den ersten von drei Herzinfarkten. Heute ist er 61, hat drei chirurgische Eingriffe am offenen Herzen, neun Bypassoperationen und 20 Herzkatheter-Untersuchungen überlebt. Als die Ärzte vor kurzem einen neuen chirurgischen Eingriff an seinem Herzen versuchten, waren sie sich nicht sicher, ob er überleben würde. Doch überstand er nicht nur die Operation, sondern auch die folgende Lungenblutung.

Patricks Ärzte schreiben seine Standhaftigkeit einem eisernen Lebenswillen zu. Er selbst hingegen ist davon überzeugt, dass ihn vor allem seine Suche nach der Liebe Gottes am Leben erhält. Die körperliche Schwäche seines Herzens ließ ihn auf das spirituelle Potenzial seines Herzens hellhörig werden. Heute ist ihm klar, dass das Leben lediglich eine Vorbereitung für die Ewigkeit darstellt. „Alles, was mein Körper in den letzten Jahren durchgemacht hat, hat mir geholfen, die Lebendigkeit meines Geistes zu entdecken. Je schwächer meine Gesundheit, desto stärker wird meine Liebe."

Blickt er heute auf frühere Jahre zurück, erkennt er, wie sehr er sich von seinen Emotionen zerstören lassen hatte. Wie so viele andere Männer seiner Generation hätte er auf einer Rakete ins Nichts gesessen. „Wir hatten Angst, nicht all das zu bewerkstelligen, was sich unsere Eltern von uns gewünscht hatten. Erst heute ist mir klar, dass ich viele dieser Dinge nicht mitnehmen kann. Mein Auto wird ebenso hier bleiben wie mein Haus. Und so sehr ich auch an meinem Geschäft hänge, auch dies werde ich hinter mir lassen. Alles was mir bleiben wird, ist mein Geist."

Dieses Bewusstsein hat in Patrick ein völlig neues Lebensgefühl erweckt. Er hat nicht nur ein großes Bedürfnis, alles, was er in diesem Leben gelernt hat, weiterzugeben, sondern nimmt jede

Gelegenheit wahr, seine Liebe so oft wie möglich zum Ausdruck zu bringen. Besonders das spirituelle Wachstum seiner Kinder liegt ihm am Herzen. Er möchte, dass sie verstehen, wie zauberhaft das Leben sein kann, wenn wir es mit dem Herzen sehen. „Sie sollten sich nicht so viele Gedanken um Erfolg machen. Sie müssen nur Sie selbst sein und sich der Suche nach der göttlichen Liebe stellen.“

PERSPEKTIVEN DES HERZENS

Am Ende jedes Kapitels finden Sie unter dieser Überschrift praktische Hinweise, um unsere Fähigkeit zu steigern, unsere eigene Alchemie des Herzens zu schaffen, und mehr Liebe zu schenken und zu empfangen.

- **Erschaffen Sie Ihr eigenes Herzensritual.** Beginnen Sie, sich morgens vor dem Aufstehen oder abends vor dem Einschlafen auf Ihr Herz zu konzentrieren. Schließen Sie die Augen und fühlen Sie die spirituelle Präsenz in Ihrem Herzen. In diesem Augenblick des Einklangs mit unserem spirituellen Ich erinnern wir uns an das Gelübde als

Wandler der Liebe zu wirken, welches unsere Seele vor langer Zeit abgelegt hat. Versuchen Sie, diesen Gemütszustand jedes Mal wieder in sich wachzurufen, wenn Sie während des Tages den Sitz der Liebe in Ihrem Herzen zu verlieren drohen.

- **Konzentrieren Sie sich auf Ihr Herz.** Versuchen Sie, sich mehrmals täglich Ihres Herzens bewusst zu werden. Denken, fühlen, handeln, ja atmen Sie, als ob all dies durch Ihr Herz geschähe.
- **Finden Sie ein einfaches Gebet, eine Affirmation oder ein Mantra.** Es wird Ihnen helfen, die Verbindung zu Ihrem Herzen und dem Herzen Gottes herzustellen. Dies sollte zu einem täglichen Reflex werden und uns besonders dann Einhalt gebieten, wenn wir untertags dazu geneigt sind, uns oder andere zu kritisieren, uns aufzuregen, wütend zu werden oder den Sitz in unserem Herzen auf irgendeine andere Weise zu verlieren. In solchen Augenblicken versuchen wir, unsere ganze Aufmerksamkeit durch unsere Affirmation oder unser Gebet wieder auf unser Herz zu lenken. Solche Gebete oder Affirmationen können ganz einfach sein. Hier ein paar Beispiele:

Oh Gott, du bist so wunderbar!

(Das Wort Gott kann auch durch ein anderes Wort ersetzt werden, das für Sie den Universellen Geist am besten verkörpert.)

Oh göttliche Allgegenwart,
Lass mich so sehen wie du,
Hören wie du und
Sprechen wie du.

OM MANI PADME HUM

Dieses ebenso alte wie beliebte buddhistische Mantra bedeutet: „Heil dem Juwel in der Lotusblüte." Das Juwel im Lotus wurde auf die verschiedensten Weisen interpretiert: Die Entfaltung des Juwels der Spiritualität oder der Erleuchtung im Lotus des erwachten Bewusstseins, die Vereinigung von Weisheit und Nächstenliebe oder das Erwachen Buddhas (oder Christi) in unserem Herzen.

„Dehnungsübungen" für das Herz

„Liebe ist keineswegs mühelos,
sondern bedarf vielmehr beträchtlicher Anstrengung."
– M. Scott Peck –

„Eigentlich habe ich gar keine richtigen Freunde", gestand Shelley sich ein, als sie erklärte, wie einsam sie über all die Jahre geworden war.

„Bist du denn die Freundin von irgendjemandem?", fragte ich vorsichtig zurück. Mit einer solchen Gegenfrage hatte sie nicht gerechnet und starrte mich an, während die Erkenntnis einzusinken begann: Wir können keine Freunde haben, wenn wir nicht irgendwessen Freund sind.

Dasselbe gilt für die Liebe. Das Geheimnis jeglicher Anziehungskraft liegt darin, so zu werden wie das ersehnte Objekt. Anstatt geliebt werden zu wollen, sollten wir also damit beginnen, selbst zu lieben.

Dehnen Sie sich! Tun Sie etwas, wozu Sie eigentlich keine Lust haben. So begann auch der Heilige Franz von Assisi sein Leben zu verändern. Als Sohn eines wohlhabenden Kaufmanns hatte Franz eine natürliche Abscheu vor Leprakranken. Er ging ihnen in weitem Bogen aus dem Weg und bat andere darum, ihnen seine Almosen zu überbringen. Eines Tages stieß er auf einem Ausritt ganz unerwartet hinter einer Kurve fast mit einem Aussätzigen zusammen, der über und über mit Wunden übersät war. Der Anblick und Gestank des armen Mannes war ihm ein Gräuel, sodass er gerade sein Pferd wenden wollte, um einer direkten Konfrontation zu entgehen, als ihm plötzlich klar wurde, dass er nicht von sich behaupten konnte, Gott zu lieben, wenn er sich von einem hilfsbedürftigen Menschen abwandte. Anstatt dem Impuls des Ekels zu folgen und der Situation den Rücken zu kehren, öffnete er sein Herz ebenso wie seine Börse. Er stieg vom Pferd und als er dem Leprakranken sein Almosen überreichte, umarmte und küsste er ihn.

Diese Begegnung mit dem Aussätzigen war ein Wendepunkt im Leben des Franz von Assisi. Er hatte das Gefühl, einen wichtigen Sieg über eine große Schwäche errungen zu haben. Später schrieb er: „Alles war plötzlich so anders. Was mir früher als schmerzlich und unmöglich erschienen war, wurde plötzlich einfach und angenehm."

Dies ist mehr als eine bloße Heiligenlegende. Es ist eine Initiationslehre der Herzensalchemie. Gibt es nicht auch in unserem Leben solche „Aussätzigen", die unserer Liebe bedürften – Menschen, die uns abstoßen oder Dinge, die wir einfach nicht tun wollen? Diese Person oder Situation ist vielleicht ein Bote der Liebe, die uns klar machen sollen, dass unser Herz lernen sollte, sich ein bisschen in diese oder jene Richtung zu „dehnen".

Rumi schreibt: „Ein Mensch ist wie ein Rasthaus." Jeden Morgen kommen neue Gäste, neue Boten. Der Dichter rät, auch die Störenfriede willkommen zu heißen, die den halben Möbelbestand davontragen, denn vielleicht schaffen sie ja nur Platz für etwas ganz Neues und Wunderbares. „Sei dankbar für jeden Gast, denn jeder einzelne wurde uns von drüben als Führer gesandt."[6]

Unser Herz all jenen Personen und Situationen zu öffnen, die uns das größte Leid bereiten, kann sich als einer der wichtigsten und mutigsten Schritte zu einem völlig neuen Leben entpuppen. Und gerade dieses Mutes bedarf es, um sich in die unbekannten Gefilde der Liebe vorzuwagen. Deshalb sprach Mark Prophet auch von Coeur-age (vom französischen „coeur", das Herz, und dem englischen „age", das Zeitalter), um darauf hinzuweisen, dass wir diese Art von Courage brauchen werden, um ein neues Zeitalter des Herzens einzuleiten. Nur durch sie können wir die Liebe und Weisheit unseres Herzens so stärken, dass wir das Richtige und Notwendige auch dann tun, wenn es uns nicht gerade angenehm ist.

In *Der wunderbare Weg* beschreibt M. Scott Peck die Liebe sehr treffend als „den Willen, sein Ich so auszudehnen, dass es sich für sein eigenes oder für das spirituelle Wachstum seiner Mitmenschen einsetzt". Er schreibt: „Ein wirklich liebender Mensch ist in der Lage, Menschen zu lieben oder helfend beizustehen, die er eigentlich nicht mag oder gar verabscheut."[7]

Hören wir auf, uns so „auszudehnen" und zu geben, nur weil es unangenehm ist, dann lieben wir auch nicht mehr. „Ich habe das Gefühl, nicht mehr zu wachsen, wenn ich mich nicht mehr dehne", sagt Neil, der bei seinen Konferenzorganisationen oft unter starkem Stress steht. Eilt er gerade zum nächsten Krisenherd, kommt es vor, dass er an einer völlig verloren dreinblickenden Hilfskraft vorbeikommt, die Hilfe, ja Liebe bräuchte. Dann stellt sich die Frage: Geht er an ihr vorbei und kümmert sich um seine eigentliche Aufgabe, oder „dehnt" er seine Liebe aus.

„Mir ist aufgefallen, dass die Prüfungen der Liebe vor allem eintreten, wenn ich wirklich müde und erschöpft bin", erzählt Neil. „Jemand braucht gerade dann meine Hilfe, wenn es mir am allerwenigsten in den Kram passt und es das Letzte ist, worum ich mich gerade kümmern will. Tue ich es dann aber trotzdem, so reißt mich das aus meiner Bequemlichkeit. Gelingt es mir jedoch nicht, das Gefühl der Belästigung loszuwerden, während ich diese unerwünschte Hilfe leiste, so bleibt auch der Segen dafür aus."

Ein neues Niveau in der Meisterschaft der Herzensliebe zu erreichen, ist wie das Training zum Hochsprung. Es bedarf einer gewissen Überwindung und ständiger Übung. Je mehr wir jedoch trainieren, desto gelenkiger werden wir, bis wir plötzlich den Sprung schaffen, … um die Latte wieder ein Stückchen höher setzen zu können. Im Reich des Herzens vergrößern wir jedes Mal, wenn wir unsere selbst gesetzten Grenzen überwunden haben, unsere Fähigkeit zu lieben.

Unsere Seele strebt ständig danach, diesen Rahmen zu sprengen. Deshalb neigen wir oft auch dazu, unbewusst Menschen anzuziehen, die uns mit der nächsten Stufe konfrontieren. Beziehungen sind altbekannte Gelegenheiten zur Dehnung des Herzens.

So wusste Roberto z. B. nicht, wie ihm geschah, als seine Flitterwochen ein ebenso plötzliches wie unerwartetes Ende nahmen. Alles, was er sagte oder tat, schien seine Frau Maria aufzuregen. Den ersten Hürden ihrer jungen Ehe standen beide ratlos gegenüber. Nach ein paar herzzerbrechenden Diskussionen und eisernen Schweigestunden entschlossen sie sich dazu, den „Aussätzigen zu umarmen“. Es bedurfte einiger langer Gespräche und tiefer Seelenergründungen,

> Sieh dir lange an, was dir gefällt, aber noch länger, was dich schmerzt. – Colette

bevor sie begannen, die ersten Einblicke in die Liebesinitiationen zu bekommen, die ihnen in einem gemeinsamen Leben bevorstanden.

Einerseits wurde Maria klar, dass die Wurzeln ihrer Unzufriedenheit in ihr selbst lagen, da sie einige unrealistische Erwartungen bezüglich ihres künftigen Gatten gehegt hatte. Sie musste lernen, menschlichere Maßstäbe an ihrem Mann zu setzen und sich auch in seine Lage zu versetzen. Roberto andererseits war als langjähriger Junggeselle keineswegs gewohnt, sein Leben mit einer Frau zu teilen. Auch wenn er dies wohl nicht über Nacht bewerkstelligen würde, so wurde ihm doch klar, dass er sich nicht mehr nur um sich selbst kümmern konnte, wenn ihm wirklich etwas an seiner Ehe lag.

Heute sagt Roberto: „Noch vor ein paar Jahren hätte ich mir das nie vorstellen können, doch ist es wirklich ein Geschenk Gottes, mit einer Frau verheiratet zu sein, die mich nicht so sein lässt, wie ich gerade bin. Manchmal habe ich das Gefühl, wir versetzen einander Tritte in den Hintern, um die Leiter zum Himmel hinaufzuklettern."

Liebe lässt uns sicher nicht da, wo sie uns zuerst antrifft, so wie auch wir die Menschen, die wir lieben, nicht dort lassen, wo sie gerade sind. Nehmen wir das Beispiel von Clara und Lorraine Hale. Auf ihrem Weg nach Hause hielt Lorraine bei ihrer Mutter an und klagte über ihren harten Job als Studienberaterin in den öffentlichen Schulen von New York. Ihre Mutter erwiderte: „Lorraine, Gott hat dich aus einem ganz bestimmten Grund in diese Welt gesetzt. Früher oder später wirst auch du diesen Grund verstehen. Komm ein bisschen zur Ruhe und höre auf dein Herz. Dann wirst du wissen, wenn er dir deine Lebensaufgabe offenbart."

Auf ihrem Heimweg kam Lorraine an einer Ampel neben einer völlig heruntergekommenen Frau zum Stehen. Die Frau wog mit halb geschlossenen Augen ein winziges Baby in ihren Armen. Die Ampel wurde grün und Lorraine setzte ihre Fahrt fort. Doch wollte ihr das Baby nicht mehr aus dem Kopf gehen. Also kehrte sie nach ein paar Häuserblocks um und fuhr wieder zu der Kreuzung zurück. Dort gab sie der Frau einen Zettel mit der Adresse ihrer Mutter: „Gehen Sie zu dieser Adresse. Meine Mutter wird Ihnen helfen."

Am nächsten Morgen standen Frau und Kind tatsächlich vor Clara Hales Tür. Clara hatte Dutzende Pflegekinder aufgezogen, doch hatte sie sie bisher nie direkt von der Straße gelesen. Dieser neue Umstand sollte das Leben der beiden Frauen schon bald grundlegend ändern. Noch im selben Jahr gründeten sie das Hale House in Harlem. Es war das erste gemeinnützige Pflegeheim im Staate New York, welches sich ausschließlich den Kindern drogensüchtiger Mütter widmete.

Diese zerbrechlichen Kinder kommen von Gefängnissen, Krankenhäusern, Polizeistationen, Sozialämtern, Wohltätigkeitsvereinen, Pfarrämtern, Verwandten und manchmal von den Müttern selbst. Die Angestellten vollbringen ihren „Dienst der Liebe" rund um die Uhr. Alle Kinder werden gut und gesund ernährt, wenn die Grundlage oft auch einfach ist. Neben der Sorge um drogensüchtig geborene Kinder hat das Hale House ein eigenes Programm für aidskranke Kinder entwickelt.

Nach diesem Pflegeheim gründeten die Hales auch eine Entzugsstation, die den Müttern nicht nur hilft, ihre Drogenabhängigkeit zu überwinden, sondern sich auch in die Gesellschaft zu integrieren und ihre elterliche Verantwortung zu übernehmen. Seit Claras Tod hat Lorraine die Leitung der Stiftungen übernommen.

„Unseren Mangel an technischem Wissen machen wir durch die größte Gabe, die Menschen einander geben können, wett: durch Liebe. Allein diese Liebe, die diesen winzigen Opfern des Drogenmissbrauchs zuteil wird, führt zu wunderbaren Ergebnissen. Ich spreche hier von einer Liebe, die stärker ist als die wochenlange Folter, die ein Kleinkind durchzustehen hat, wenn ihm nach und nach die Drogen entzogen werden, denen es im Mutterleib ausgesetzt war.“[8]

Wir brauchen nicht lange zu suchen, um Menschen zu finden, die unserer Liebe bedürfen. Meist genügt es, die Tür aufzumachen oder sich zu Hause umzusehen.

PERSPEKTIVEN DES HERZENS

- **Identifizieren Sie die nächste Etappe der Herzensöffnung.** Wer oder was sind die Boten in unserem Leben, die nach dieser Dehnung des Herzens verlangen? Was versuchen sie uns zu vermitteln? Was müssen wir für diese nächste Etappe unternehmen?

- **Den Aussätzigen umarmen.** Gibt es jemanden, der Ihnen zutiefst zuwider ist oder etwas, das Sie absolut vermeiden wollen, da es Sie aus Ihrer Bequemlichkeit reißt? Wie können Sie Ihr Herz öffnen, um diesen Aussatz zu umarmen?

Ich liebe, also bin ich

Ist ein Freund in Schwierigkeiten, so belästige ihn nicht mit der Frage, was du für ihn tun kannst.
Überlege dir etwas Passendes und tu es einfach.

– Edgar Watson Howe –

Die Sprache des Herzens mag poetisch sein, doch sind seine Aktionen höchst praktisch ausgerichtet. Lieben wir, so besteht nicht mehr der geringste Zweifel, was wir tun und lassen müssen. Wir sollten uns sagen: „Wenn ich liebe, kann ich weder Zorn noch Stolz, Eigensucht oder Eifersucht mit mir herumschleppen. Liebe ich, so sind Groll und Verbitterung, die mir ständig Energie rauben, überflüssig. Ich bin Liebe, also kann mich dieser oder jener Umstand in meinem Leben nicht davon abhalten, das zu tun, was ich für nötig halte."

Was sind wir bereit zu tun und was können wir an uns ändern, um zur Liebe in Aktion zu werden? Es ist eine ausgezeichnete Übung, auf einem Papier festzuhalten: „*Ich liebe, also* ________ ." Zuerst sollten wir hier all die Dinge einfügen, die uns gerade daran hindern, unseren Mitmenschen mehr Liebe zu spenden. Wir müssen versuchen, Pessimismus, Ängste, Selbstsucht, Selbstmitleid und mangelndes Selbstbewusstsein zu überwinden. Vielleicht heißt es auch „nur", ein paar Überstunden aufzugeben, um mehr Zeit mit der Familie verbringen zu können.

Ich bin Liebe, also muss ich diese Eigenbrötelei überwinden. Meine Sorgen müssen weg! Das falsche Verständnis von Unzulänglichkeit muss verschwinden! Ich bin ein Pfeiler der Liebe. Deshalb lade ich die Engel in mein Leben ein, dass sie mein Bewusstsein klären, welches der vollen Entfaltung meines Herzens im Wege steht!

Dann schreiben wir eine positive Vision davon auf, wie die Dinge sich verwandelt haben, nachdem wir gelernt haben, sie zu lieben. Wie steht es um uns, wenn wir Liebe leben? Wie sieht unsere Welt und unser Leben dann aus? Wie geht es unserem Herzen, und wie behandeln wir uns selbst und unsere Mitmenschen?

Schließlich sprechen wir laut, aus unserem tiefsten Herzen heraus, unsere niedergeschriebenen Entschlüsse: *Ich bin Liebe, also …*

Natürlich ist dieses „Also“ für jeden von uns verschieden. Für den Reporter Kurt Schork und den Kameramann Miguel Gil Moreno bedeutete es die Reise in Gegenden, die die meisten Menschen bereitwillig mieden – die Kriegsgebiete Bosniens, Tschetscheniens oder im Kosovo. Sie riskierten ihr Leben an der Front, um der internationalen Gemeinschaft näher zu bringen, was hier wirklich geschah. Im Mai 2000 gerieten beide in einen Hinterhalt der Rebellen von Sierra Leone und wurden Opfer des blutigen Bürgerkrieges, über den sie gerade berichteten.

Geben ist der höchste Ausdruck von Kraft.
– Erich Fromm

Beide waren sich der Gefahr wie auch der Wichtigkeit ihres Berufs bewusst. Miguels Mutter sagt: „Miguel übte den Beruf aus, der ihn am meisten erfüllte und für den er sich berufen fühlte. Seine Lebensaufgabe bestand darin, die Stimme all derer zu sein, denen das Wort versagt war.“[9]

Für Lesia Cartelli bedeutete dieses „Also“, sich der größten Angst ihres Lebens zu stellen und sie zu einer ihrer größten Stärken werden zu lassen. Mit neun Jahren explodierte ein Brennofen, als sie im Keller ihrer Großeltern verstecken spielte. Sie erlitt Verbrennungen des zweiten und dritten Grades auf der Hälfte ihres Körpers. Obwohl sie den Unfall überlebte, war ihr Gesicht mit Brandnarben übersät und sie hatte panische Angst vor Feuer und Gas. Auch als Erwachsene fiel es ihr sehr schwer, ihr Auto selbst zu tanken oder Brandszenen im Fernsehen zu sehen.

Lesia beriet Kinder, die wie sie Opfer von Brandunfällen geworden waren, hielt Vorträge an Schulen und in Seminaren, doch konfrontierte sie ihre Angst nie direkt – bis zu dem Tag, an dem sie beschloss, an einer Feuerübung teilzunehmen, die von ihrem späteren Gatten, dem Feuerwehrhauptmann Bruce Cartelli geleitet wurde. Nach vier Versuchen gelang es ihr schließlich, zu einer brennenden Stiege zu robben, dort den Wasserhahn aufzudrehen und das Feuer zu löschen. Sie hatte das Gefühl, die ganze nächste Woche nur mehr zu weinen, während die in all den Jahren gestauten Emotionen nur so aus ihr herausflossen.

Heute ist sie überzeugt davon, dass diese „Konfrontation mit dem Drachen“ nur Gutes mit sich brachte. Sie hilft Kindern und Erwachsenen, die „inneren und äußeren Traumata“ erlittener Brandkatastrophen zu überwinden. Sie hält internationale Vorträge und wird aufgrund ihrer Erfahrungen bei der Entwicklung von Zentren für Kinder mit Brandwunden zu Rate gezogen. Außerdem fürchtet sie sich nicht mehr davor, ein Lagerfeuer oder den Grill anzuzünden.

„Was auch immer unsere Ängste sind“, rät sie, „wir sollten versuchen, sie zu umarmen. Konfrontieren wir sie, lösen sie sich meist recht schnell in Luft auf.“[10] Ihren Mitmenschen sagt sie immer wieder, dass jedes Unglück auch seinen Segen in sich birgt und dass ihre Narben ihr schließlich auch ein Ziel gesetzt haben, das zu ihrer Lebensaufgabe wurde.

Für Aaron Feuerstein, den Inhaber der Textilfabrik Malden Mills in der Nähe von Boston, bedeutete das „Also“ den Verzicht auf kurzfristigen Gewinn, um denen zu helfen, die ihn am meisten brauchten. Am Abend seines 70. Geburtstags im Dezember 1995 brannten drei Gebäude seiner Fabrik nieder. Eine Kesselexplosion hatte den Brand entfacht, nach dem nur noch wenige Ziegelsteine zwischen rauchenden Haufen verbogenen Metalls aufeinanderstanden. Malden Mills war mit 3000 Beschäftigten der wichtigste Arbeitgeber Methuens in Massachusetts. All diese Arbeitsstellen waren nun kurz vor Weihnachten gefährdet. Am Tag nach dem großen Feuer versprach Aaron seinen Arbeitern drei Dinge: Jeder sollte einen Weihnachtszuschlag von 275 $ bekommen. Jeder sollte sein Gehalt noch mindestens einen Monat weiterbeziehen. Die Firma würde die Krankenkassenbeiträge noch für weitere drei Monate übernehmen. Und er versprach, die Fabrik wieder aufzubauen.

Seine Arbeiter waren fassungslos. Jeder wusste, dass Aaron das Handtuch werfen und sich mit einer Versicherungsprämie von 300 Millionen $ einen ruhigen Lebensabend hätte bescheren können. Hätte er das wirklich getan, wären nicht nur die 3000 Beschäftigten, sondern auch ihre Familien und die gesamte lokale Infrastruktur, die durch all diese Menschen betrieben wurde, in Existenznot geraten. Dennoch setzte Aaron mit unglaublichem Einsatz und Glauben seine eigene Zukunft für sie aufs Spiel.

„Was für ein Berufsethos wäre das, wenn ein Chef 3000 Menschen, ja eine ganze Stadt von mehreren Tausend Einwohnern, einfach sitzen ließe, um Geld daran zu verdienen? Das ist für mich nicht nachvollziehbar.“[11] Aarons Angestellte brachten nun auch verstärkt persönlichen Einsatz, um die Fabrik wieder in Betrieb nehmen zu können. Drei Monate nach dem Unglück hatten sie die Produktionszahlen des unzerstörten Gebäudes bereits verdoppelt.

Instinktiv wusste Aaron, dass innere und äußere Kräfte uns zu Hilfe kommen, wenn wir unser Herz öffnen und uns sicher sind, dass nichts und niemand dem Ausdruck unserer Liebe im Weg stehen kann. Ist das Motiv unseres Herzens rein und steht in Einklang mit dem göttlichen Plan, wird Gott uns unsichtbare Hilfe schicken, die uns bei unserer Arbeit der Liebe unter die Arme greift.

Aaron kannte noch ein weiteres Geheimnis der Meisterschaft des Herzens: Wenn wir wirklich geben, richten sich unsere Gaben (unser Talent, unsere Taten oder Unterstützungen) nicht danach, was wir uns leisten können, sondern nach dem, was in der jeweiligen Situation nötig ist. Ähnlich erzählt dies auch die Geschichte vom Rabbi, der häufig Arme bei sich zu Hause versorgte. Als ihm in einer Zeit, in der die Nahrungsmittel besonders teuer waren, auffiel, dass die Brötchen auf den Tellern seiner Gäste immer kleiner wurden, stellte er seinen Koch zur Rede und trug ihm auf, den Armen eher mehr zu essen zu geben als sonst. Er solle sich nicht nach dem Preis der Nahrung, sondern nach dem Hunger seiner Gäste richten.

Schon lange habe ich mir zum Grundsatz gemacht, dass kleine Dinge bei weitem die wichtigsten sind.
– Sir Arthur Conan Doyle

Nur selten werden unsere Taten der Nächstenliebe von aller Welt bemerkt, doch werden all die kleinen Gesten zusammen unser eigenes Leben drastisch verändern. Mutter Teresa formulierte das so: „Wir vollbringen keine großen Taten; wir tun nur kleine Dinge mit großer Liebe.“ Und Konfuzius lehrte: „Gute Menschen folgen dem Pfad der Tugend. Sie bauen auf Kleinem, um Großes zu erreichen.“

Das soll natürlich nicht heißen, dass wir unsere eigenen Bedürfnisse völlig ignorieren sollen. Liebe ist oft ein Opfer, aber keineswegs eine Form der Selbstzerstörung. Zerreißen wir uns in 1000 Stücke, haben wir nichts mehr übrig, was wir anderen geben könnten.

Manchmal ist es nicht leicht, sich selbst in dieser Hinsicht Grenzen zu setzen oder sich selbst auch etwas zu gönnen – besonders, wenn andere ständig etwas von uns fordern. Wollen wir unseren Mitmenschen aber wirklich helfen, so müssen wir uns auch selbst die Dinge zugestehen, die das Feuer unseres Herzens nähren, mit dem wir andere erwärmen können. Darauf werden wir im Kapitel „Sich selbst versorgen“ noch näher eingehen.

PERSPEKTIVEN DES HERZENS

- Was sind Ihre „Also‘s“? Nehmen Sie sich Zeit darüber nachzudenken, was Sie bereit sind hinter sich zu lassen und was Sie in die Wege leiten möchten, um ein Werkzeug der Liebe zu werden, wie dies in der Einleitung zu diesem Kapitel erläutert wurde. Sprechen Sie dann laut

Ihre Entschlüsse: *Ich bin Liebe, also* ________ .
Notieren Sie sich diese Affirmationen an einer Stelle, die Sie täglich sehen und sprechen Sie diese mindestens einmal täglich laut aus.
Planen Sie diese Verpflichtungen an den „Liebesdienst“ in ihrem Terminkalender ein – ganz nach Stephen Coveys Motto: „Der Schlüssel liegt darin, nicht den Eintragungen unseres Terminkalenders Priorität zu verschaffen, sondern unseren Zeitplan nach unseren Prioritäten zu richten.“

- **Passen Sie Ihre Gaben den jeweiligen Bedürfnissen an.** Gibt es Bereiche in Ihrem Leben, in denen Sie Ihre spirituellen oder materiellen Gaben eher dem Bedarf anpassen sollten als Ihren eigenen Vorstellungen davon, was Sie sich leisten können?
- **Konfrontieren Sie Ihre Ängste.** Ist Ihre persönliche Entwicklung in eine Sackgasse geraten, weil Sie sich davor fürchten, sich mit etwas auseinander zu setzen? Stellen Sie sich die Frage, wie Sie diese Angst überwinden können und welchen Beistand Sie dazu benötigen würden.

2

Die Macht des Herzens steigern

Liebe ist eine kreative Kraft. Sobald wir begriffen haben, dass wir die Co-Autoren Gottes sind, wird sich unser Leben wandeln. Plötzlich wird uns klar, welch große Verantwortung uns hiermit zuteil wird und wir fragen uns: „Was soll ich mit all dieser Schöpfungskraft anfangen? Mir sind ein paar Jahrzehnte Leben gegeben, um sie in die Tat umzusetzen. Was werde ich schaffen?“

2. Die Macht des Herzens steigern

Ein Draht zum Mitgefühl

Meine Freunde haben mein Leben
zu dem gemacht, was es heute ist,
und meine Grenzen in wunderschöne Privilegien gewandelt.
– Helen Keller –

Dorothy Canfield Fisher sagte einmal: „Eine Mutter ist kein Mensch, an den man sich anlehnt, sondern ein Mensch, der uns zeigt, dass wir uns nirgends anlehnen müssen.“ Eine wahre Mutter ist voller Mitgefühl, und Mitgefühl verleiht Kraft. Mitgefühl unterstützt, aber erstickt nicht. Es tröstet, aber verhätschelt nicht.

Oft werden die Worte *Mitgefühl* und *Mitleid* ziemlich willkürlich miteinander vertauscht. Eine klare Definition wird uns helfen, das Mitgefühl der Liebe von seinem Gegenstück unterscheiden zu können. Mitgefühl verleiht Kraft, da es uns hilft, die spirituellen Lehren hinter den Herausforderungen unseres Lebens zu erkennen. Mitgefühl macht andere nicht für unsere Lebensumstände verantwortlich, sondern lässt uns verstehen, dass vor allem unsere Reaktion auf diese Umstände zählt. Mitgefühl lädt uns dazu ein, unser Leben aus einer neuen Perspektive zu betrachten, um unseren Herausforderungen auf einer anderen Ebene begegnen zu können. Das Mitleid anderer hingegen erlaubt uns, in die Rolle eines Opfers zu schlüpfen. Schließlich bleiben wir wie wir sind und bemitleiden uns lediglich selbst.

Mitleid mag momentan gut tun, doch hilft es unserem spirituellen Wachstum nicht weiter. Verhätscheln Eltern ihre Kinder mit Mitleid und behüten sie vor allen Herausforderungen und vor der harten Arbeit, die der natürliche Reifungsprozess mit sich bringt, so werden diese Kinder nie wirklich erwachsen werden. Egal wie alt wir sind, wenn wir uns nicht wirklich mit dem Herzen engagieren, wird dieses nie reif werden.

Wie viele andere Eltern lernte auch Susan den Unterschied zwischen Mitgefühl und Mitleid recht spät verstehen. Ihr Sohn Michael kämpfte jahrelang mit seinen Gefühlen. Er arbeitete gelegentlich, war jedoch mit 21 Jahren an einem Punkt angelangt, wo er in jeder Hinsicht von seiner Mutter abhängig war. Die einfachsten Aufgaben waren ihm zu viel, und er wollte nichts anderes als ständig zu Hause bleiben.

Nach zahlreichen Gesprächen mit Freunden und Psychologen war Susan klar, dass Michael psychologischen Beistands bedurfte. Beiden stand eine wichtige Entscheidung bevor: Sollte er weiterhin zu Hause bleiben oder in ein Heim ziehen, wo ihm professionelle Hilfe zuteil werden konnte?

„Ich arbeitete zu Hause und hätte mich durchaus auch weiterhin um ihn kümmern können“, erzählt Susan. „Doch das wäre sicher nicht gut für ihn gewesen. Ich war zu seiner Krücke geworden und hinderte ihn daran, erwachsen zu werden. Das war ein schwerer Schlag. Da meint man jahrelang seinen Kindern das Beste zu tun, indem man es ihnen bequem macht, nur um schließlich herauszufinden, dass die Dinge einfach nicht so laufen.“

Michael zog widerwillig in ein 100 Kilometer entferntes Gruppenheim, wo Susan ihn einmal wöchentlich besuchte. Schon nach drei Monaten war ein spürbarer Wandel festzustellen. „Mir war klar, dass das Beste, was ich für ihn tun konnte, war, uns etwas voneinander zu entfernen. Es war irgendwie eine höhere Form der Liebe."

Natürlich war das auch das Beste für Susan gewesen. Sie kann sich nun auch ein wenig um sich selbst kümmern und an ihrer eigenen Persönlichkeitsentfaltung arbeiten. Sie hat neue Wege entdeckt, sich bei ihren Mitmenschen nützlich zu machen. „Ich hatte nicht nur meinen Sohn, sondern auch mich selbst eingeengt", gesteht sie sich heute ein. „Die schmerzlichsten Entscheidungen sind manchmal die, die uns am weitesten vorwärts bringen."

Es ist nicht immer einfach zu sehen, ob wir uns in einem Zyklus des Mitleids verfangen haben. Das gilt besonders für Beziehungen. Wie können wir das feststellen? Eine Mitleidsbeziehung pumpt Energie, während Mitgefühl stärkt. Versteift und verhärtet Mitleid eine Beziehung, bringt Mitgefühl wahre Unterstützung und wirkt belebend für beide Seiten.

In einer auf Mitgefühl basierenden Beziehung haben beide genug Raum, ihre Persönlichkeit

Willst du andere glücklich machen, dann praktiziere Mitgefühl. Willst du selbst glücklich werden, praktiziere Mitgefühl. – Dalaï Lama zu entfalten. Sie respektieren ihre gegenseitigen Bedürfnisse und helfen einander, sich zu entfalten. Mitgefühl ist Liebe und fördert daher auch das persönliche Wachstum. Basiert eine Beziehung hingegen auf Mitleid, fühlen beide Seiten sich bald eingesperrt, unkreativ und frustriert. Sie verlieren das Gefühl ihrer eigenen Identität. Mitleidsbeziehungen schaffen gegenseitige Abhängigkeit.

Erika Chopich und Margaret Paul schreiben, dass solche Menschen anderen Kraft geben, um sich selbst zu bestimmen. „Ihr Selbstwertgefühl erfahren sie nur *durch* ihre Mitmenschen. Sie erlauben anderen, sie zu definieren und machen sie für ihre eigenen Gefühle verantwortlich."[12] Für Melody Beattie lassen sich solche Menschen „von anderen beeinflussen oder wollen unbedingt das Verhalten ihres Partners kontrollieren".[13]

Es ist ganz normal, sich um andere kümmern zu wollen, doch dürfen unsere Sorgen um unsere Mitmenschen keinen selbstzerstörerischen Charakter annehmen. Voneinander abhängige Menschen neigten dazu, so Beattie, sich schlimme Sorgen um andere zu machen oder ihnen aber in einer Weise zu helfen, die eigentlich keine Hilfe sei. Sie versuchten mit allen Mitteln, nicht die Gefühle ihrer Mitmenschen zu verletzen, und verletzten dadurch am Ende nur sich selbst. Sie sagten Ja, auch wenn sie eigentlich Nein meinten.[14] „So viele Menschen opfern zu viel ihrer eigenen Persönlichkeit, nur um ‚nett' zu sein. So verlieren sie lediglich ihre Fähigkeit, wahre Liebe schenken und empfangen zu können."[15]

Es gibt zahlreiche gute Bücher und Spezialisten zu diesem Thema, die uns helfen können, an die Wurzeln dieser selbstzerstörerischen Verhaltensmuster zu gelangen und gesunde Beziehungen zu schaffen. Aus spiritueller Sicht ist einer der wichtigsten Schlüssel zu einer gesunden Beziehung, unsere einzigartige Verbindung zu Gott und unserem Höheren Ich zu kultivieren und unserem Partner ebenso dabei behilflich zu sein. So schreibt auch Søren Kierkegaard: „Einen anderen Menschen zu lieben, heißt, ihm zu helfen, Gott zu lieben." Eine solch starke spirituelle Beziehung wird uns schließlich auch auf unserer Reise der Liebe unterstützen.

Gestatten wir einem anderen Menschen für sein Glück, Gleichgewicht und Selbstwertgefühl nur von uns selbst abzuhängen, so tun wir ihm damit keinen Gefallen. Natürlich können und sollen wir andere ermutigen, stärken und unterstützen, doch kann nichts den eigenen Drang nach oben ersetzen. Auf dem Weg zur Erkenntnis muss jeder Mensch seine eigene Beziehung zu Gott herstellen.

PERSPEKTIVEN DES HERZENS

- **Wenden Sie die Lehren des Mitgefühls an.** Was haben Sie in Ihren bisherigen Beziehungen über die Stärkung durch Mitgefühl und das energieraubende Mitleid gelernt? Wie können Sie diese Erkenntnisse in neue Beziehungen (auch ganz alltäglicher Natur) umsetzen?
- **Bewerten Sie die Qualität Ihrer Beziehungen.** Erstellen Sie eine Liste Ihrer aktuellen Schlüsselbeziehungen. Gibt es Menschen, um die Sie sich besondere Sorgen machen oder die umgekehrt ein besonderes Schutzverhalten für Sie an den Tag legen? Gibt es Menschen, die eher Ihr Mitgefühl brauchen würden als von Ihrem Mitleid abzuhängen?

Impulse setzen

Im Leben gibt es nur Arbeit und Liebe ...
Haben wir Glück, dann lieben wir unsere Arbeit.
Sind wir weise, so sind wir bereit, an unserer Liebe zu arbeiten.
– Noah Ben Shea –

Es gibt keine Liste der Dinge, die man tun und lassen soll, um seine Liebe wachsen zu lassen – auch keine fertigen Rezepte. Jeder muss selbst nach den Schlüsseln suchen, die den Brunnen der Liebe in uns öffnen.

Doch in einem Punkt sind sich alle Meister der Liebe einig: Lieben ist einfacher, wenn wir es uns zur Gewohnheit machen. Sie sagen, dass spontane Liebe oft einer gewissen Übung entspringt. Liebe ist ein Impuls. Setzen wir täglich solche Impulse – auch dann, wenn es uns besonders schwer fällt –, so kommen Dinge in Bewegung. Haben wir unsere Quelle der Liebe schon länger laufen lassen, werden wir im Nu bereit sein, ein trauriges

Herz zu trösten oder einem müden Körper oder einer gequälten Seele zu helfen.

Wenn Menschen Liebe benötigen, so brauchen sie sie unmittelbar. Ist ein anderer krank, depressiv, gestresst, verzweifelt oder steht am Rand des Selbstmords, so muss die Energie zwischen unseren Herzen sofort fließen. Schreit unser Kind, warten wir ja auch nicht, bis wir mit unserer momentanen Beschäftigung fertig sind, um nachzusehen, was los ist. Dasselbe gilt, wenn wir die Liebe unseres Herzens fließen lassen wollen. Auch wir sind für Gottes Notfallnummer zuständig. Er kann uns jederzeit, Tag und Nacht anrufen, um uns mitzuteilen, dass uns da jemand braucht und wir sofort los müssen.

> Wir sind, was wir gewohnt sind zu tun. So ist auch Vorzüglichkeit keine Handlung, sondern eine Gewohnheit. – Aristoteles

Wenn wir lieben, sagen wir nicht: „Du bist mir wichtig, aber dies oder jenes kommt mir gerade nicht gelegen." Liebe wird an unseren Taten gemessen. Sie bedeuten am meisten, wenn wir in der Lage sind, sie auch in außergewöhnlichen Umständen zu vollbringen.

Auch U Tin U, der Führer der demokratischen Bewegung Burmas, hatte dieses Prinzip verstanden. In Lebensbedingungen, an denen die meisten Menschen verzweifelt hätten, verzagte er nicht in seiner Liebe. Er hatte drei Jahre im Gefängnis verbracht und wurde kurz vor seiner Freilassung abermals vor Gericht gestellt und zu sieben weiteren Jahren verurteilt. Er wurde schließlich 1995 freigelassen.

Wenn er vom Gefängnis und seiner Einzelhaft erzählt, so wird klar, dass er trotz aller Entbehrungen Wege fand, seinen Geist am Leben zu halten. „Meine Hütte im Gefängniskomplex war völlig von Stacheldraht umgeben. Ich konnte nicht einmal ins Freie gehen, und der Zaun erinnerte mich ständig daran, wie wertvoll die Freiheit ist. Erst der völlige Verlust der Freiheit lässt uns erkennen, wie wunderbar sie ist. Diese Erkenntnis erfüllte mich mit Freude."

„Ich sagte regelmäßig die Reden Buddhas in Pali auf und dachte viel über sie nach. Dies war mir eine ständige Quelle der Inspiration. Außerdem hatte man mir ein Buch mit Zitaten Jesu in die Hütte geschmuggelt. Seine Haltung des Verzeihens und der Aufrichtigkeit lagen mir sehr am Herzen."

Während seiner Jahre im Gefängnis besuchte U Tin Us Frau ihn ständig, um ihm Essen zu bringen. Ihre Besuche müssen ein wahrer Schatz gewesen sein. U Tin U teilte diese Nahrung nicht nur mit den Wärtern, sondern sogar mit manchen Angehörigen des militärischen Geheimdienstes. „Ich wollte das Gefühl überwinden, sie als Feinde zu sehen. So machte ich es mir zur Gewohnheit, mein Essen mit ihnen zu teilen. Auch sie hatten ein hartes Leben im Gefängnis."[16] U Tin U wusste instinktiv, dass unser Herz sich nie verschließen kann, wenn wir ständig Impulse der Liebe setzen.

Glücklich bis an sein Lebensende leben kann man nur auf einer täglichen Basis. – Margaret Bonnano

Könnten wir ein Bild von einem großzügigen Herzen auf der spirituellen Ebene sehen, so wäre es wohl konvex, dehnbar, ständig leuchtend und randvoll mit Licht. Kommt keine reine, starke Liebe mehr aus unserem Herzen, da wir so mit uns selbst beschäftigt sind, dass wir nichts mehr geben können, so wird es konkav. Es versinkt in sich selbst, wird hohl und depressiv.

Die Meister sagen uns außerdem, dass wir Mitgefühl und positiven Wandel auf Erden bewirken, wenn es uns gelingt, unser Herz auch dann offen zu halten, wenn es uns schmerzt. In der alt-jüdischen Mystik lehrt die Kabbala, dass jeder einzelne von uns den Zustand der Welt ausmacht. Jeden Augenblick unseres Lebens stärken wir entweder die Kraft des Guten oder verleihen den negativen Kräften zusätzliches Gewicht.

Die Kabbala schreibt dem Bösen allein keinerlei Kraft zu. Nur unsere negativen Gedanken, Gefühle, Worte und Taten verleihen sie ihm. Umgekehrt rauben all unsere guten Taten dem Bösen Kraft und ermöglichen Gott, seinen Segen in die Welt zu schicken.[17] Verkörpern genug Menschen die Liebe, wird die Welt zunehmend zu einer Stätte der Liebe werden. So sagte auch Gandhi einst: „Ich bin fest davon überzeugt, dass wir die ganze Erde mit Wahrheit und Liebe erobern können."

PERSPEKTIVEN DES HERZENS

- **Setzen Sie die Pumpe in Bewegung.** Gibt es Herausforderungen in Ihrem Leben, die Ihnen die

Gelegenheit bieten könnten, Ihre Liebe am Leben zu erhalten? Welche Impulse der Liebe können Sie in diesen Situationen konkret setzen?

- **Übermitteln Sie Ihre Liebe.** Lassen Sie sich alle Beziehungen des heutigen Tages noch einmal durch den Kopf gehen. War da jemand, der Ihrer Liebe bedurft hätte? Haben Sie sich die nötige Zeit genommen, sie ihm/ihr zuteil werden zu lassen? Wenn nicht, was können Sie jetzt tun, um diesem Bedürfnis zu entsprechen?

Sich selbst versorgen

Wenn wir uns das zugestehen, was wir brauchen, werden wir zu unserem eigenen Berater, Vertrauten, Aufseher, Partner und Freund. Hören wir auf uns selbst, auf unsere Höhere Kraft, werden wir nie fehlschlagen.

– Melody Beattie –

Carey war an einen Wendepunkt gelangt. Verzweifelt versuchte sie zu verstehen, warum es ihr nie gelang, eine Richtung in ihrem Leben zu verfolgen. Auf der langen Busfahrt in ihren Heimatort hatte sie Zeit, Bilanz zu ziehen. In den stillen Winkeln ihres Herzens rief sie Gott und das Wissen ihres Höheren Ichs an, sie ihre verkorkste Situation doch besser verstehen zu lassen.

Kurz vor der Ankunft hatte Carey eine überraschende Erkenntnis. Zum ersten Mal in ihrem Leben wurde ihr klar, dass sie ihre Ziele nie erreichte, weil sie in ihrem Inneren fest davon überzeugt war, sie könne sie gar nicht erreichen. So hatte sie sich auch vor jeglichem Engagement gescheut, weil sie fürchtete zu versagen.

Oft hat unser Mangel an Selbstbewusstsein oder Ausdauer tiefere Wurzeln. Er kann durchaus auf eine Liebeskrise, und zwar das totale Ausbleiben von Eigenliebe, zurückzuführen sein. Können wir von uns behaupten, dass wir uns schätzen und lieben? Lieben wir uns nicht selbst, so werden wir auch unseren spirituellen, emotionellen und beruflichen Fortschritt sabotieren. Wir werden uns selbst daran hindern weiterzukommen, da wir uns für unfähig und unwert halten. Diese spirituelle Krankheit – die oft durch Eltern, Mitmenschen, Autoritätspersonen oder auch die Medien bedingt ist – infiziert uns mit dem Irrglauben, dass wir unseren Traumberuf, Traumpartner, unser Traumhaus, kurzum ein Leben, wie wir es uns wünschen, einfach nicht verdienen. Außerdem schließen wir jegliche Möglichkeit Liebe zu spenden und zu bekommen aus, wenn wir uns nicht selbst lieben. Sehr oft versagen wir einfach, um uns bewusst oder unbewusst zu beweisen, dass wir den Erfolg nicht verdienen.

„Dieser unbewusste Selbsthass hindert uns daran, Liebe zum Ausdruck zu bringen und somit auch geliebt zu werden", schreibt Dr. Harville Hendrix. „Wir fühlen uns nicht wert, geliebt zu werden, wenn wir uns selbst nicht schätzen oder auch nur Teile von uns missachten."[18]

Spirituell offene Menschen neigen oft dazu, besonders hohe Ansprüche an sich selbst zu stellen und sich sehr kritisch unter die Lupe zu nehmen. Sie sind meist auch sehr empfänglich für die Kritik anderer. Wenn auch die Aspekte unseres Lebens, die der Verbesserung bedürfen, realistisch betrachtet werden sollen, so dürfen die Gegebenheiten der Natur des Lebens und des Geistes deshalb nicht missachtet werden. Wir sind heute nicht mehr, was wir gestern waren, und werden auch morgen anders sein als heute.

Bei Kindern wissen wir, dass sie ständig wachsen und dazulernen, und kritisieren sie deshalb auch weniger für ihre Fehler. Warum sollten wir uns als Erwachsene weniger Entwicklungsbedürfnis zugestehen und uns derart kritisch gegenüberstehen?

Die Seele ist unser inneres Kind, welches sich ständig weiterentwickelt und dessen Potenzial sich unser ganzes Leben lang entfaltet. Ganz gleich, was unser inneres Kind gerade erlebt, wir sollten unserer Seele auf ihrem Weg zur vollen Entfaltung all unsere Liebe entgegenbringen. Denn nicht der noch zurückzulegende Weg, sondern der Wille und die Kraft zählen, die wir in diesen Reifungsprozess investieren. Sind wir bereit, auf unser Herz zu hören, wenn es uns den nächsten Schritt verrät? Sind wir bereit, ihn zu tun?

Vielleicht sind wir aber wie Lisa, die diese Wahrheit des Herzens lange nicht wahrhaben wollte. Lisa war eine allein stehende Mutter. Wenn sie sich nicht um die Kinder kümmerte, arbeitete sie – Tag und Nacht. Sie war so beschäftigt, dass sie sich nie die Zeit zugestand, ihr eigenes Leben zu hinterfragen. Erst Jahre später wurde ihr klar, dass sie vieles nur aus Schuldgefühl tat, und das in einem Ausmaß, welches verhinderte, dass sie sich mit den eigentlichen Ursachen auseinander setzte.

„Es ist schwer, sich selbst ganz genau zu betrachten“, gesteht sie ein. „Es ist viel leichter, sich eine Aufgabe zu suchen, in der man ein ganzes Jahr lang völlig versinkt, um sie bewerkstelligen zu können. Man investiert all seine Energie in so ein Projekt, um sich bloß keine Gedanken über seine eigentlichen Probleme machen zu müssen. In Wirklichkeit isolieren wir uns jedoch von all unseren Gefühlen."

Als ihre Kinder erwachsen und ausgezogen waren, hatte Lisa plötzlich Zeit. Und was tue ich jetzt? Das Ausbleiben einer Antwort war wie ein Weckruf für sie. Plötzlich wurde ihr klar, dass sie sich nie Zeit genommen hatte, sich mit sich selbst zu beschäftigen. „Unser Beruf, unsere Kinder können uns so in Schach halten, dass wir uns nie die Zeit nehmen, uns zu fragen, wer wir eigentlich sind, was wir aus unserem Leben machen wollen und was wir wirklich brauchen."

Lisas neue Einsamkeit wurde die Grundlage einer wichtigen Selbstanalyse. Langsam wurde ihr klar, weshalb sie diese Stille so lange vermieden hatte. Unter anderem erkannte sie, dass sie ihre Eltern jahrelang gemieden hatte, da sie ihnen eine zu strenge Erziehung vorwarf. Zugleich jedoch fühlte sie sich schuldig dafür, dass sie als Kind so schwer zu handhaben war. Diese Einsichten ermöglichten ihr, sich wieder mit

Nimm dir Zeit, jeden Tag zu dir zurückzukommen.
– Robin Casarjian

ihren Eltern zu versöhnen, sie öfter zu sehen und zu entdecken, wie sehr sie einander liebten. „Ich habe eine wahre Beziehung des Herzens zu meinen Eltern hergestellt, die mir eine völlig neue Welt eröffnet hat."

Auch ihren Tagesrhythmus schraubte Lisa nun ganz bewusst zurück. „Ich musste mir selbst erlauben, etwas für mein Seelenwohl zu tun. Ich nehme mir mehr Zeit, sehe mir einen schönen Sonnenuntergang an und schätze kleine Dinge. Da wächst ein Stiefmütterchen mitten in meinem Garten, und ich freue mich jedes Mal, wenn ich daran vorbeigehe. Ich glaube, früher wäre ich zum Auto gelaufen und hätte es nicht einmal bemerkt."

Wollen wir unser Herz darin stärken, uns zu führen, dann müssen wir zunächst darauf achten, was uns unser Herz sagt, das wir selbst gerade benötigen. Solche Bedürfnisse können höchst mannigfaltig sein und von einer Blume über eine Rückenmassage bis zum Berufswechsel reichen. Auf unser Herz zu hören, verleiht uns Kraft, da es der erste Schritt dazu ist, die Verantwortung für unsere wirklichen Bedürfnisse zu übernehmen.

Der Autor und buddhistische Meditationsmeister Jack Kornfield schreibt: „Wenn Sie lieben wollen, sollten Sie sich Zeit dazu nehmen, auf Ihr Herz zu hören. Schon in den ältesten und weisesten Kulturen praktizierten die Menschen dieses Gespräch mit dem Herzen. Im tiefsten Inneren eines jeden von uns steckt eine Stimme des Wissens, ein Lied, das uns an das erinnert, was wir am meisten schätzen und brauchen, was wir seit unserer frühesten Kindheit wussten.“[19]

Manchmal weigern wir uns, auf diese innere Stimme zu hören. Wir meinen, es wäre selbstsüchtig, sich um seine eigenen Bedürfnisse zu kümmern. Befriedigen wir sie jedoch, laden wir zugleich unsere spirituellen und körperlichen Reserven auf, sodass wir unseren Mitmenschen mehr geben können. Nähren wir uns nicht selbst, können wir auch andere nicht nähren. Jesus sagte: „Liebe deinen Nächsten *wie* dich selbst.“ Doch wie können wir andere lieben, wenn wir uns selbst verachten?

Bevor Gautama Buddha die Mission seines Lebens beginnen konnte, musste er eine wichtige Lektion in dieser Beziehung lernen. Sechs Jahre lang hatte er sich in strenger Askese und körperlicher

Kasteiung ergangen, die ihn so geschwächt hatten, dass er schließlich das Bewusstsein verlor. Als er sich von seinem Schwächeanfall erholt hatte, war ihm klar geworden, dass er all seine Ziele gefährdete, wenn er die Bedürfnisse seines Körpers missachtete. Später erklärte er: „Mit einem geschwächten Körper war es mir nicht mehr möglich, all meine Existenz in den Dienst des Mitgefühls zu stellen."

Wie Buddha müssen auch wir uns zuerst um uns selbst kümmern, bevor wir uns um unsere Mitmenschen sorgen können. Brauchen wir mehr Zeit, um unsere inneren Kräfte zu sammeln, dann sollten wir sie uns ohne Bedenken nehmen. Und wenn wir umsorgt sein wollen, dann kommt diese Aufgabe in erster Linie uns selbst zu.

> Liebe ist allem voran die Gabe seiner selbst.
> – Jean Anouilh

Erwarten wir Liebe von anderen, weil wir sie uns selbst nicht zugestehen, so laufen wir Gefahr, in die Falle der Idolisierung zu tappen. Wir sagen uns (immer wieder): „Ah, endlich habe ich meinen Traumpartner gefunden, einen wunderbaren Menschen, der mich bedingungslos lieben wird. Jetzt sind all meine Probleme gelöst." Dies ist nicht nur eine Falle, sondern garantiert schon das Scheitern einer Beziehung.

Lieben wir uns selbst, so übernehmen wir die Verantwortung für die Richtung unseres Lebens und für die Erfüllung unserer persönlichen Bedürfnisse. Jane lebte in Florida unweit der Disney World – „ganz in der Nähe von Mickey Mouse", wie sie sagt. Sie hatte eine gute Stelle, doch hatte sie die Bezugskälte der Städte ebenso satt wie den täglichen Stau im Pendelverkehr. „Die Leute lächelten nicht und jeder war so mit sich selbst beschäftigt, dass er die Menschen um sich herum kaum wahrnahm", erzählt sie. Einmal im Jahr gönnte sich Jane einen Urlaub in ihrem Lieblingstal in Montana. Seit zehn Jahren war dies ihr auserkorener Ferienort gewesen. Sie fühlte sich dort so wohl, dass sie sich ein Ferienhaus in der Gegend kaufte.

Schließlich war Jane die Hektik der Stadt zu viel geworden. Sie hielt inne und stellte sich die vielleicht wichtigste Frage ihres Lebens: „Was würde ich tun, wenn ich nur noch sechs Monate zu leben hätte?" Schon bald hatte ihr Herz die Antwort gefunden. „Da man ja nie so recht weiß, wie lange wir noch vor uns haben, dachte ich mir, ich sollte diesen Schritt am besten schon jetzt tun."

Während sie alles in die Wege leitete, um ihre Pläne in die Tat umzusetzen, lernte sie den Mann ihres Lebens kennen. Innerhalb weniger Monate war Jane nach Montana gezogen, und ihr Verlobter plante, schon bald nachzukommen. Sie fand einen ausgezeichneten Arbeitsplatz, bei dem sie zwar weniger verdiente als in Florida, aber dafür Freude an ihrer unvergleichlich größeren Lebensqualität hatte. Mit einem Augenzwinkern sagt sie heute: „Und außerdem ist Fliegenfischen nicht nur wesentlich billiger als ein Besuch bei Mickey Mouse, sondern auch wesentlich amüsanter."

Natürlich geht es in dieser Geschichte keineswegs darum zu zeigen, wie gut es war, dass Jane aus der Stadt gezogen war. Manche Menschen sind glücklicher in der Stadt als auf dem Land. Der springende Punkt ist, dass sie sich die rechten Fragen zur rechten Zeit stellte, auf die Antwort ihres Herzens hörte und schließlich die Verantwortung übernahm, sich um sich selbst zu kümmern.

PERSPEKTIVEN DES HERZENS

- **Erstellen Sie eine Liste all der Eigenschaften, die Sie an sich schätzen.** Fällt Ihnen das schwer, fragen Sie andere, was sie an Ihnen mögen.
- **Überprüfen Sie Ihr Herz.** Fragen Sie Ihr Herz, was Sie jetzt brauchen, um ausgeglichener und zufrieden zu sein.
- **Konfrontieren Sie sich mit harten Fragen.** Was würde ich tun, wenn ich nur noch sechs Monate zu leben hätte? Was wären meine Ziele? Wie würde ich mein Leben verbringen?
- **Ziehen Sie Grenzen.** Müssen Sie irgendwelche Abstriche machen, um sich mehr um sich selbst kümmern zu können? Wie können Sie Ihre Mitmenschen von diesen Grenzen informieren, ohne sie vor den Kopf zu stoßen?

Erziehung des Herzens

Es gibt keine Wirklichkeit, außer der in uns selbst.
Das ist auch der Grund dafür, weshalb so viele Menschen ein so unwirkliches Leben führen.
Sie halten die Bilder der Außenwelt für die Wirklichkeit und erlauben ihrer Innenwelt nie sich zu behaupten.

– frei nach Hermann Hesse –

Ich diskutierte einmal mit einem Radiomoderator aus Chicago darüber, was notwendig sei, um eine Vereinigung mit Gott zu erzielen. „Sehen Sie doch nur, wie ernst und diszipliniert die Rabbis sind“, sagte er. „Seit ihrer frühesten Jugend studieren sie mehrere Stunden täglich. Sie versenken sich in die alten Texte und den Talmud. Sie werden Spezialisten des Gesetzes und der alten Schriften.“

Natürlich gibt es diese Disziplin auch in anderen Religionen. Doch meinte der Journalist, dass solche Menschen durch ihre Gelehrsamkeit und Geistesdisziplin zu höheren Wesen wurden und dass es genau dieser Tugenden bedarf, um Gott näher zu kommen.

Daher antwortete ich ihm: „Und doch könnten Sie über all dieses Wissen verfügen und nicht lieben. Das Wissen an und für sich garantiert keineswegs den Zugang ins Himmelreich, spirituelle Vollendung oder die mystische Vereinigung mit Gott. Der einzige Weg, der dies sicherstellen kann, ist der der Liebe."

Solche Diskussionen gibt es wahrscheinlich schon seit Jahrhunderten. So beklagt sich Eva in Mark Twains wunderbarem *Adam und Evas Tagebuch* über Adam: „Ach, warum versteht Adam nur nicht, dass ein liebendes, gutes Herz Reichtum bedeutet, ja genug aller Reichtümer ist, und dass Verstand ohne Liebe Armut ist." Weisheit ist eine wunderbare Tugend. Geht sie jedoch nicht Hand in Hand mit der Liebe und dem göttlichen Willen, ist unser Intellekt, spirituell gesehen, impotent.

Dies ist sicher eine Erkenntnis, die die Menschheit in diesem neuen Jahrtausend wird lernen müssen. Technik und Wissenschaft erfahren eine exponentielle Beschleunigung. Doch wie steht es um die Entwicklung unserer Herzen? Können wir unsere wissenschaftlichen Errungenschaften durch einen angemessenen Fortschritt des Herzens im Lot halten, sodass wir noch in der Lage sind, weise Entscheidungen in Fragen wie Gentechnik oder Umweltschutz treffen zu können oder zu erfassen, ob wir die neuesten Kommunikationstechniken dazu verwenden, zu informieren und zu befreien, oder aber zu kontrollieren und zu überwachen? Werden wir in der Lage sein, genug Liebe und Weisheit aufzubringen, um der Versuchung des Machtmissbrauchs widerstehen zu können?

Wie unsere Gesellschaft diesen Herausforderungen begegnen wird, hängt in erster Linie davon ab, wie wir Individuen unser Herz entwickeln. Konfuzius lehrte, dass die Entwicklung des Herzens der Schlüssel zur Ordnung der Welt ist: „Um die Welt in Ordnung zu bringen, müssen wir zuerst den Staat in Ordnung bringen. Um den Staat in Ordnung zu bringen, müssen wir zuerst die Familie in Ordnung bringen. Um die Familie in Ordnung zu bringen, müssen wir zuerst unser eigenes Leben kultivieren. Um jedoch unser eigenes Leben zu kultivieren, müssen wir uns in Einklang mit unserem Herzen bringen.“

Bringen wir unseren Kindern bei, auf ihr Herz zu hören? Unsere Zukunft wird davon abhängen, ob unsere Kinder in der Lage sind, die feinen Qualitäten ihres Herzens zum Ausdruck zu bringen. Schon seit einigen Jahren mache ich mir ernsthafte Sorgen um unser Erziehungssystem. Es liegt mir sehr viel daran, dass der heutigen Jugend die Gelegenheit eingeräumt wird, die Fertigkeiten des Handwerks und die Entwicklung ihres Verstandes in ein harmonisches Gleichgewicht mit dem zu bringen, was ich als die Erziehung des Herzens bezeichnen möchte.

> So nützlich der Verstand auch sein mag, so muss er doch zum Geiste zurückgeführt werden. Dies nennt man die große Harmonie.
> – Huai-Nan-Tsu

Nur durch die Erziehung des Herzens können wir unser ganzes, spirituelles Potenzial zur Entfaltung bringen. Die Erziehung des Herzens zeigt uns, wie wir uns auf unsere inneren Fähigkeiten und Ressourcen verlassen können, um den Herausforderungen des Alltags begegnen zu können. Die Erziehung des Herzens steigert die Fähigkeit der Seele, über sich selbst hinauszuwachsen und die äußersten Grenzen des Universums ebenso zu erfahren wie die tiefsten Geheimnisse des Seins.

Lernen wir nur, empirisch mit Situationen fertig zu werden, können wir einzig und allein unserem analytischen Verstandesdenken vertrauen. Doch verfügen wir über so viel mehr als das. Unser Herz und unsere Seele fühlen und empfinden ständig intuitiv Dinge, die empirisch einfach nicht erklärt werden können. Vieles, was dem Verstand nicht nachvollziehbar ist, bereitet Herz und Seele keinerlei Probleme. Vernachlässigen wir die feinen Instrumente unseres Innenlebens, all diese angeborenen spirituellen Fähigkeiten, verschlafen wir unser ganzes Leben.

Mein Gatte Mark Prophet und ich waren so besorgt über diese fehlenden Elemente des öffentlichen Schulsystems, dass wir 1970 die Internationale Montessori Vereinigung gründeten, um unseren und anderen Kindern eine holistische Schulbildung gewährleisten zu können. In manchen Jahren waren alle Jahrgänge von der Vorschule bis zum Gymnasium voll besetzt.

Jedem auch noch so kleinen Menschenwesen sollte die Gelegenheit gegeben werden, die Wissenschaft des Seins zu erlernen. Jeder Mensch sollte lernen können, mit dem Herzen zuzuhören und sich auf die innere Stimme der Seele zu verlassen, die ihn auf dem Weg zu seinem unsterblichen Ziel führt. Dazu brauchen wir keine Wachposten, sondern vielmehr Ratgeber. Die Lehrer ziehen sich einen Schritt aus dem Geschehen zurück, um der Entfaltung der Intelligenz des Verstandes und des Herzens, die sich bei jedem Schüler anders gestaltet, zwar beizustehen, sie jedoch nicht zu kontrollieren.

Man kann einem Menschen nichts beibringen. Man kann ihm höchstens helfen, es in sich selbst zu entdecken. – Galileo Galilei

In Wirklichkeit sind die einzig wahren Lehrer Gott und der uns allen innewohnende Geist. Alle anderen Lehrer sind lediglich Stellvertreter. Sie sollen uns beistehen, wenn wir lernen, auf die Weisheit unseres Herzens, unserer Seele und auf unseren höheren Verstand zu hören.

Die Erziehung des Herzens bereitet uns darauf vor, lebende Wandler der Liebe zu werden.

Wir lernen intuitiv zu verstehen, was andere brauchen und diesen Bedürfnissen so zu entsprechen, wie es augenblicklich am besten ist. Diese alchemistische Formel findet sich einzig und allein in unserem Herzen.

PERSPEKTIVEN DES HERZENS

- **Nehmen Sie jede Gelegenheit wahr, Herzen zu erziehen.** Irgendwann, irgendwo hat jeder von uns einmal die Gelegenheit, anderen etwas beizubringen. Denken Sie an eine aktuelle Situation, in der Sie die Rolle des Lehrers übernehmen. Wie könnten Sie diese Gelegenheit wahrnehmen, um eher Führer und Ratgeber als Kontrolleur zu sein? Welche kreativen Möglichkeiten stehen Ihnen offen, um das Herz ebenso zu erziehen wie den Verstand?
- **Schätzen Sie die Weisheit Ihres Herzens.** Stehen Sie vor einem Problem, für das es keine logische Lösung gibt, dann nehmen Sie sich Zeit, sich in Ihr Herz zurückzuziehen, um Ihr Höheres Ich zu bitten, die göttliche Intelligenz Ihres Herzens zu aktivieren und die gesuchte Antwort zu offenbaren.

Dann hören Sie auf die Antwort Ihres Herzens. Dazu braucht es etwas Geduld. Die Antwort kann unmittelbar kommen, aber auch einige Stunden oder Tage benötigen.

Die Kraft des Herzens

Von allen starken Dingen ist nichts so stark
und unwiderstehlich wie die göttliche Liebe.
– William Law –

Mahatma Gandhi war nicht von großer Statur. Doch kann kein Zweifel daran bestehen, dass er stark war; stark genug, um eine Nation in die Unabhängigkeit zu führen. Seine Macht war weder durch seine Größe, noch durch seine Stellung oder seinen Titel bedingt. Sie beruhte auf Liebe. Er schrieb einmal: „Ich halte mich für unfähig, ein Wesen auf dieser Welt zu hassen. Nach einer langen Disziplin des Gebets habe ich nun seit über 40 Jahren niemanden mehr gehasst. Ich weiß, das mag ein großer Anspruch sein. Doch stelle ich ihn in aller Bescheidenheit."

Die Kraft des Herzens ist stärker als alle Macht dieser Welt. Die Weisen aus Ost und West sind sich darüber einig, dass es nicht vieler Menschen bedarf, um spirituellen Wandel in Gang zu setzen. Und es genügen ein paar mächtige Herzen, um einen Großbrand zu entfachen. „Die Welt", sagte André Gide, „wird von ein oder zwei Menschen gerettet werden – von dir und von mir, hier und jetzt."

Lieben wir um der Liebe willen und ohne Hintergedanken, vertraut Gott uns mehr Kraft an, weil er weiß, dass wir sie weise einsetzen werden. Auch heute noch wundert sich Larry darüber, wie erfolgreich sein Bioladen in New York ist. „Ich hab keine Ahnung, warum. Ich bin kein Geschäftsmann oder Buchhalter." Sein Geschäft geht so gut, dass die Leute sich fragen, warum er kein zweites eröffnet. Doch misst Larry seinen Gewinn nicht in Geld, sondern in Kontakten des Herzens.

„Meine Arbeit ist wunderbar, da ich täglich mit Menschen zu tun habe, die sich wirklich um sich selbst kümmern", sagt Larry. „Das ist der große Unterschied von meinem Laden zu einem Gemischtwarenhändler oder irgendeinem anderen Geschäft. Dieser einzigartige Augenblick, in dem wir die Gelegenheit haben, Menschen zu helfen, die verzweifelt nach Lösungen ernsthafter Probleme suchen. Mit solchen Leuten konfrontiert zu sein bereitet mir tagtäglich Freude. Es käme mir nie in den Sinn, sie ausnutzen zu wollen. Ich sehe meine Hauptaufgabe darin, all diesen Menschen weiterhin meine Unterstützung zukommen zu lassen."

Larrys aufrechte Sorge und Kraft des Herzens sind ansteckend. Eines Abends teilte eine der jungen Arbeiterinnen nach Arbeitsende ihren Kollegen sehr überschwänglich mit, wie glücklich sie sei, mit ihnen arbeiten zu können. Das hört man nicht oft in der Arbeit. Larry meint dazu: „Es gibt nichts, was auch nur annähernd über die Kraft gemeinsamer Liebe verfügt." Die Liebe, die er tagtäglich mit seinen Kunden und Angestellten teilt, kommt ganz natürlich in Form von Liebe und Überfluss wieder zu ihm zurück und verleiht seinem Herzen erneute Kraft.

Reine Liebe bringt immer Kraft. Je mehr wir lieben, desto stärker beeinflusst unser Herz das Herz unserer Mitmenschen. Wir bekommen zusätzliche Kraft zurück, die paradoxerweise nur dazu da ist, uns auf die Probe zu stellen, ob wir noch mehr lieben können. Solche Prüfungen kommen in den verschiedensten Formen. Wie behandeln wir die Kinder in unserer Familie? Wie gehen wir mit all den Menschen um, die in Familie oder Arbeit von uns abhängen? Wie gehen wir mit Geld um und wofür geben wir es aus? Was tun wir mit der Autorität, die uns unsere Position verleiht? Dienen wir anderen oder eher uns selbst?

Haben Sie schon einmal den Wandel beobachtet, der sich an scheinbar sanftmütigen Personen (vielleicht auch Ihnen selbst) vollzieht, wenn sie plötzlich über Autorität und Verantwortung verfügen? So mancher Scheinheilige durchläuft da schlimme Metamorphosen. Ohne die nötige Dosis Liebe kann Macht uns sehr schnell aus dem Gleichgewicht bringen. Jeder neue Zuwachs von Macht bedarf einer noch größeren Dosis Liebe.

Ein wahrhaft großer Mensch verliert nie sein Kindesherz.
– Mencius

Mit anderen Worten: Nur wer wirklich liebt, kann erfolgreich mit Macht umgehen. Wer liebt, entwickelt ein ungeheures Feingefühl für das Leben. Er versteht das Leid und die Bedürfnisse der anderen und kann sich in ihre Haut versetzen. Er fühlt den Schmerz seiner Mitmenschen an sich selbst. Daher wird er sich eher der Kraft des Mitgefühls als der der Kontrolle bedienen.

Sind wir mitten in einem solchen Test der Liebe und geraten aus dem Gleichgewicht, ist da immer etwas oder jemand, der uns einen Spiegel vorhält, in dem wir unseren angeschlagenen Heiligenschein erblicken. In einem seiner Gedichte erzählt Rumi die Parabel Salomons. Acht Mal hintereinander rutschte dem König, dem zugleich die Aufgabe der Rechtsprechung zukam, während seiner Urteile die Krone herunter. Schließlich wandte sich Salomon direkt an die Krone und fragte sie, weshalb sie ihm pausenlos über die Augen rutschte. „Wenn deine Macht das Mitgefühl verliert", antwortete die Krone, „muss ich zeigen, wie das aussieht." Der weise König kniete nieder, bat um Vergebung, und die Krone kam alsbald wieder in der Mitte seines Hauptes zur Ruhe.

Als Endmoral seines Gedichts schreibt Rumi, dass sogar die Weisheit von Großen wie Plato oder Salomon manchmal „wanken und blind sein kann", und rät uns daher: „Höre auf die Krone, wenn sie dich daran erinnert, wie kalt du anderen gegenüberstehst und die gierige Kraft in dir verhätschelst."[20] Bei dem Test geht es also keineswegs darum, die Krone ständig gerade auf dem Kopf zu behalten, da sie bei unseren Lektionen der Liebe unweigerlich ins Rutschen gerät. Die wahre Probe besteht darin anzuerkennen, dass sie gerutscht ist, und genug Liebe und Bescheidenheit aufzubringen, sie wieder gerade zu rücken.

PERSPEKTIVEN DES HERZENS

- **Lernen Sie von den Prüfungen der Liebe.** Denken Sie an Situationen in Ihrem Leben zurück, in denen Ihnen zusätzliche Macht zuteil wurde (als Eltern, Aufseher, Projektleiter usw). Was war hier der Test der Liebe? Was haben Sie aus dieser Erfahrung gelernt?
- **Suchen Sie nach dem Spiegel.** Gibt es etwas oder jemanden in Ihrem Leben, der Ihr eigener Spiegel ist und versucht, Ihnen klarzumachen, wo Ihr Gebrauch von Macht nicht mehr mit dem Mitgefühl der Liebe in Einklang steht? Wie können Sie diese Situation wieder ins richtige Lot bringen?

Dankbarkeit pflegen

Nun hör mir zu:
Höre einen Moment lang auf traurig zu sein.
Höre wie die Blüten des Segens
rund um dich zu Boden fallen. Gott.

– Rumi –

Sharon war mit einer Freundin hoch in den Bergen, als sie unter Atembeschwerden zu leiden begann. Auch das Wasser begann knapp zu werden, und der Weg ins Tal war noch weit. „Ich wusste nicht, ob ich jemals lebend wieder unten ankommen würde", erinnert sie sich.

Dann hörte sie eine innere Stimme: „Denke an die Dinge, für die du dankbar bist." Das tat sie während des ganzen Abstiegs. „Während ich mir all diese Dinge bewusst werden ließ, wurde ich immer stärker. Schließlich kamen wir in Höhenlagen, wo mir das Atmen wieder leichter fiel." Heute greift Sharon in allen schwierigen Situationen wieder auf diesen Schlüssel zurück. Die Gedanken an alles, wofür sie dankbar ist, lassen sie alle Engpässe überwinden.

Dankbarkeit stärkt, weil wir durch sie einen Energiefluss der Liebe zwischen unserem und Gottes Herz herstellen, der unendlich wie in einer Acht hinunter und hinauf fließt. Schicken wir Gott Liebe und Dankbarkeit, kommen Licht und Segen zu uns zurück. Nehmen wir uns nicht täglich Zeit, der spirituellen Quelle für unser Leben und all die Möglichkeiten zu danken, so lassen wir uns eine enorme Energiequelle entgehen, die uns ständig offen steht.

Manchmal gelingt es uns nicht, das Beste aus all dem Segen zu machen, der uns zuteil wird, da wir in negativen Gedanken verharren, anstatt den Reichtum unseres Lebens wahrzunehmen. Wunderbare Dinge geschehen, doch sehen wir nur die negativen Details. Durch Dankbarkeit können wir die Perspektive des Herzens wiedererlangen – die Erkenntnis, dass alles, was in unserem Leben passiert, eine Gelegenheit, ein Geschenk darstellt, das uns hilft zu wachsen und unser Herz zu öffnen.

Pflegen wir die Dankbarkeit ganz bewusst, so werden wir uns bald zur Gewohnheit machen, die positiven Seiten der Dinge zu sehen. Wir zerlegen Situationen nicht mehr, bevor sie Zeit haben, sich wirklich zu entfalten und den Hauch des Lebens zu atmen. Wir sind ausgeglichen und zufrieden, und kritisieren und tadeln daher auch weniger. Wir machen das Beste aus den aktuellen Gegebenheiten und führen ein glücklicheres Leben.

Andrea Bocelli hat die Kunst der Dankbarkeit und der Perspektive des Herzens gelernt. Sein großer Erfolg als Sänger ist nicht nur seiner Stimme, sondern auch der Wärme seines Herzens zu verdanken. Neben seinen Konzerten und Aufnahmen führt Andrea ein volles Leben. Er lebt mit seiner Frau und seinen zwei Kindern in der Toskana, wo er groß wurde. Er fährt Ski und Rad, reitet und zähmt Pferde.

Liebe ist, aus allem etwas zu lernen und die Gaben und die Großzügigkeit Gottes in allen Einzelheiten der Welt zu sehen. – Cheikh Muzaffer

Das Besondere an seiner Geschichte ist jedoch, dass Andrea seit dem 12. Lebensjahr blind ist.

Seine innere Stärke ist sicherlich auch zu einem guten Teil der Haltung seiner Eltern zu verdanken. Sie brachten ihn dazu, sich mit seiner Wirklichkeit auseinander zu setzen – sowohl mit seiner Blindheit als auch mit seinen unglaublichen Möglichkeiten. Nannte ihn jemand einen „armen, kleinen Jungen", reagierte seine Mutter sehr vehement. Fragte er sie, ob er ein bestimmtes Haus sehen würde, wenn er groß sei, erwiderte sie ihm: „Nein, aber dafür wirst du Dinge sehen, die wir nicht sehen können."

Noch als Kind pilgerte er nach Lourdes und betete zur Mutter Gottes in der Höhle. Als er wieder herauskam, vertraute er einem Freund der Familie, einem Priester, der sie begleitet hatte, an, dass er nicht darum gebetet hatte, von seiner Blindheit geheilt zu werden, sondern sie gelassen zu tragen. „Diese Gelassenheit gibt Andrea heute", so seine Mutter, „an viele leidende Menschen weiter, da seine Stimme tröstet und Licht bringt. Ich danke dem Herrn, dass Andrea so lebt wie er singt, und zwar mit einem offenen Herzen."[21]

Andrea gesteht ein, dass ihn besonders schwierige Dinge faszinieren. Vor seiner musikalischen Karriere studierte er Jura und arbeitete ein Jahr lang als Rechtsanwalt. Doch schließlich zog ihn seine Leidenschaft in eine andere Richtung. „Die Musik ist mein Schicksal", sagt er. Abends spielte er Klavier in Bars und tagsüber studierte er Musik. 1992 gelang ihm der Sprung ins Rampenlicht, als eine seiner Aufnahmen Pavarotti zu Ohren kam, der von dem jungen Tenor angetan war.

Seine neue Herausforderung ist die Oper, wo er nicht nur singen, sondern auch lernen muss, sich als Schauspieler auf der Bühne zu bewegen. Vor kurzem sagte er in einem Interview, dass er eigentlich nie daran dächte, was er nicht tun könne, sondern vielmehr daran, wozu er imstande sei. Selbstmitleid sei ihm fremd. Es gäbe nur allzu viele Menschen, die sich zwar alles anschauten, aber trotzdem nichts sähen. Anderen wiederum fehle zwar das Augenlicht, doch entginge ihnen nichts. „Ich schaue nicht, ich sehe."

Durch die Dankbarkeit sehen wir mit dem Herzen. Das ist auch das berühmte Geheimnis, welches der Fuchs Saint Exupérys *Kleinem Prinzen* anvertraut: „Hier ist mein Geheimnis. Es ist ganz einfach: Man sieht nur mit dem Herzen gut. Das Wesentliche ist für die Augen unsichtbar."

Wir können bewusst an unserer Dankbarkeit arbeiten, indem wir nach Gelegenheiten suchen, unsere Mitmenschen zu schätzen und ihnen das auch zu zeigen. Wenn wir andere achten, so haben wir an ihrem Segen teil. „Wertschätzung ist eine wunderbare Sache“, schreibt Voltaire. „Alles Gute der anderen wird in gewissem Sinne auch unser Eigen.“

Dankbarkeit zu pflegen, bedeutet auch, einander ein bisschen wie Kinder zu behandeln. Wir schätzen ihre Bemühungen und ermuntern sie, so weiterzumachen. Ganz gleich wie einfach und roh ein Kindergeschenk auch sein mag, es ist immer rein. Egal, was Kinder malen oder anfertigen, ihre Arbeit ist immer schön, und sie brauchen unsere Komplimente. Sieht ein Kind, dass wir seine Bemühungen zu schätzen wissen, so wird es versuchen, sich selbst zu übertreffen. Ist es nicht wunderbar, ehrlichen Dank für etwas zu bekommen, was wir getan haben? Spornt es uns nicht dazu an, dasselbe wieder zu tun?

Dankbarkeit und Wertschätzung verleihen nicht nur Kraft, sondern sind auch gesund. Wissenschaftler des Heart Math Instituts haben festgestellt, dass

Gefühle wie Zorn und Enttäuschung Herz und andere Organe in Mitleidenschaft ziehen. Liebe, Mitgefühl und Anerkennung hingegen erzeugen eine Harmonie der Körperfunktionen, die nicht nur den Hormonhaushalt im Gleichgewicht hält, sondern auch das Immunsystem stärkt.

„Erstmals wurde der dramatische Einfluss der Kraft der Liebe wissenschaftlich bewiesen und an den direkten Auswirkungen im Gegensatz zur Enttäuschung aufgezeigt“, schreiben David und Bruce McArthur. Frustration bewirkt Unregelmäßigkeiten im Herzrhythmus. Im Gegensatz dazu geht das Gefühl wahrer Anerkennung einher mit geordneten Mustern, deren positive Wirkung auf die kardio-vaskulären Funktionen bereits erwiesen wurde. „Dies ist ein dynamisches Beispiel, welch großer Einfluss der Transformationskraft der Liebe auch auf körperlicher Ebene zukommt“, sagen die Autoren. Ist dieses Muster im Herzen vorhanden, so hat dies unmittelbare Auswirkungen auf den ganzen Körper.[22]

Dankbarkeit hat so viel Macht, dass ganze Zivilisationen durch sie steigen oder fallen können. Wir können lange über die Ursachen der Untergänge großer Kulturen, bis hin zu Atlantis reden. Doch ist vielen ein Punkt gemein: Man hatte aufgehört, dem Geist Dankbarkeit und Respekt zu zollen. Zivilisationen gehen unter, wenn sie die Geschenke Gottes nicht mehr zu schätzen wissen.

Wäre das Wort „Danke“ das einzige Gebet, das du je sprichst, so würde das genügen. – Meister Eckart

Sind wir dankbar, so erkennen wir den Schenkenden an. Wir kümmern uns um unser Geschenk und teilen es mit anderen. Wir wissen, dass wahrer Erfolg nicht an unseren Errungenschaften gemessen wird, sondern daran, ob wir unsere Gaben Gottes dazu verwendet haben, das Beste aus uns und unseren Mitmenschen hervorzubringen.

Sind wir dankbar, so haben wir das Bedürfnis, andere an unserem Glück teilhaben zu lassen. Audrey Hepburn war ein wundervolles Beispiel der Dankbarkeit. 1988 wurde sie zu einer Prestigebotschafterin der UNICEF. Natürlich hätte sie ihre letzten Lebensjahre auch in bequemer Zurückgezogenheit verbringen können. Stattdessen verbrachte sie ihre Zeit damit, zwischen Äthiopien, Mittelamerika, Bangladesch, Vietnam und

Somalia hin und her zu reisen, um sich vor Ort ein Bild der herzzerreißenden Notlage der Kinder zu machen. Einmal sagte sie: „Ich habe mein ganzes Leben für diese Rolle geprobt und habe sie schließlich bekommen."

Der Schauspielerin lag viel daran, dies aus Dankbarkeit für all die Nahrung und den Trost zu tun, die sie selbst als Kind nach dem 2. Weltkrieg erhalten hatte. „Das Schicksal hat mich schrecklich verwöhnt", sagte sie. „Es ist doch nur normal, dass jemand, der solche Vorzüge genießen konnte, diejenigen daran teilhaben lässt, denen sie vorenthalten blieben. Sie können sich nicht selbst helfen und auch das Wort nicht für sich selbst ergreifen, also müssen wir es für sie tun."

PERSPEKTIVEN DES HERZENS

- **Suchen Sie nach Gelegenheiten, Ihre Dankbarkeit zum Ausdruck kommen zu lassen.** Fragen Sie sich: Wen kann ich heute schätzen? Wie kann ich diesem Menschen meine Achtung kundtun?
- **Schaffen Sie ein Ritual der Dankbarkeit.** Vergessen Sie nicht, Gott im Zuge Ihrer täglichen

Gebete für all den Segen zu danken, den er Ihnen in Ihrem Alltag zuteil werden lässt. Gehen Sie in Ihr Herz und teilen Sie Gott Ihre Liebe und Dankbarkeit mit. Fühlen Sie, wie die Energie in Form einer Acht vom Herzen Gottes wieder zu Ihrem Herzen zurückkommt.

- **Erstellen Sie ein Tagebuch der Dankbarkeit.** Manchmal werden uns all unsere Gaben und guten Eigenschaften gar nicht bewusst. Oft neigen wir eher dazu, unsere Leistungen zu schmälern. Dem kann dadurch abgeholfen werden, dass wir all unsere spirituellen Erfolge – diese Momente, in denen wir unsere Höhere Natur zum Ausdruck kommen ließen – niederschreiben.
  Notieren Sie, wenn jemand Ihnen für etwas Besonderes dankt, wenn Sie das Leben eines anderen positiv beeinflusst haben oder wenn es Ihnen gelungen ist, Ihre inneren Mechanismen umzuprogrammieren und Sie nicht in der gewohnten Weise auf Provokationen der Außenwelt reagiert haben. Während Sie all dies festhalten, danken Sie Gott dafür, Ihnen ein Geschenk gegeben zu haben, welches Sie an andere weitergeben konnten. Öffnen Sie dieses Büchlein jedes Mal,

wenn Sie sich niedergeschlagen fühlen oder sich selbst kritisieren.

Wie lieben, wenn...

Liebhaben von Mensch zu Mensch:
das ist vielleicht das Schwerste, was uns aufgegeben ist,
das Äußerste, die letzte Probe und Prüfung, die Arbeit,
für die alle andere Arbeit nur Vorbereitung ist.

– Rainer Maria Rilke –

Auf Joyce kann sich die ganze Familie verlassen. Geht es einem ihrer Geschwister oder Cousins schlecht, dann kommen sie zu ihr, um unter ihre Fittiche genommen zu werden. Manche ihrer Verwandten meinen, sie sei naiv und lasse sich von den anderen ausnützen, da sie nichts dafür zurückbekäme. Doch teilt Joyce diese Lebensansichten nicht im Geringsten. Wenn sie gibt, dann sucht sie nach keinem fairen Handel, sondern weil es ihrem liebenden Herzen entspringt.

Albert Schweitzer sagte einmal: „Von einem bin ich felsenfest überzeugt: Nur wer versucht und verstanden hat zu dienen, wird wirklich glücklich werden." Ein offenes und starkes Herz sagt nicht: „Ich vollbringe jene gute Tat oder liebe diese Person, damit ich etwas dafür zurückbekomme." Wenn wir so handeln, so ist das nicht aus Liebe. Liebe kennt keinen Eigennutz.

In einem Interview zur Jahrtausendwende sagte Literaturnobelpreisträger Saul Bellow: „Obwohl wir in einer Gesellschaft leben, die uns zur Selbstsucht drillt und in der Liebe oft durch Sex ersetzt wird, gibt es doch noch Menschen, die die unbegrenzte Großzügigkeit der Liebe entdecken. ... Die heutige Menschheit scheint ein eigenartiges Verständnis von Großzügigkeit zu haben. Da gibt es nichts, das nicht gern und freiwillig geteilt wird, allein um der Liebe willen, die man für einen anderen Menschen empfindet – und all das in einer Gesellschaft, in der Eigennutz für gesund, ein Opfer jedoch für utopisch und verrückt gehalten wird."[23]

Mutter Teresa, deren ganzes Leben ein Praktizieren der Liebe war, hat sich nie mit dem geringsten Hintergedanken um Arme gekümmert, nicht einmal mit dem, jene zum Christentum zu bekehren. Daher sagte sie einmal: „Die Bekehrung ist nicht unsere Aufgabe – das ist die Arbeit Gottes.

Wir bitten niemanden darum, seine Religion zu wechseln. Unsere Mission ist vielmehr die, Gott durch unseren Dienst zu offenbaren."

Jeder von uns kann ein Stückchen Gottes offenbaren, wenn er einen anderen Menschen durch einen Akt der Liebe berührt. Mutter Teresa wusste sehr genau, dass nur wenige Menschen die Liebe, die Weisheit und den Trost Gottes erfahren können, wenn wir sie ihnen nicht persönlich bringen. Dies ist einer der großen Schlüssel der Mystiker dieser Welt.

Ein reifes Herz bewertet den Gegenstand seiner Liebe nicht, bevor er sie ihm zuteil werden lässt. In einem meiner Seminare erzählte ein junger Mann, dass er seine Frau zwar liebe, dass es ihm aber schwer fiele, sie oder auch andere Menschen bedingungslos zu lieben. „Ich habe das Gefühl, meine Liebe unterliegt immer bestimmten Bedingungen. Wie kann ich diese Schranken zur bedingungslosen Liebe überwinden?"

Die Frage des jungen Mannes war sehr gut. Wie können wir einen anderen Menschen lieben, wenn er reizbar, selbstsüchtig oder depressiv ist? (All das sind ja schließlich Seiten, die wir noch nie an uns selbst beobachtet haben...!) Doch brauchen unsere Mitmenschen unsere Liebe nicht gerade dann am meisten, wenn sie in solchen Verfassungen sind? Das Sprichwort „Menschen brauchen unsere Liebe dann am meisten, wenn sie sie am wenigsten verdienen“ trifft den Nagel auf den Kopf.

Wenn wir wirklich lieben, so sind wir uns des Umstands bewusst, dass der andere über ein enormes Potenzial verfügt, der- oder diejenige zu werden, die er/sie in Wahrheit ist – egal ob das nun unseren Partner, unsere Arbeitskollegen, unsere Kinder oder uns selbst betrifft. Wir müssen deshalb nicht alle Fehlschritte des anderen gutheißen, doch können wir die Seele lieben, die hinter den Kulissen versucht, den Geist besser zum Ausdruck kommen zu lassen.

Gott kennt all unsere Fehler und liebt uns trotzdem. Er sieht unser großes Potenzial auch in unseren dunkelsten Stunden. Dasselbe müssen auch wir tun, wenn wir Alchemisten, Wandler, Entwickler des Herzens sein wollen. Versuchen wir, bestimmte Situationen aus der Perspektive Gottes zu sehen, so können wir lieben wie er. Ist das nicht das eigentliche Ziel?

Wir können Gott in schwierigen Situationen durchaus darum bitten, uns zu zeigen, wie er liebt. Ich versuchte das einmal, als ich über Gottes Liebe meditierte. Ich betete darum, so lieben zu können wie Gott. Ich wurde mit dem wunderbaren Gefühl belohnt, das liebende Leben Gottes tief in meinem Herzen zu spüren. Außerdem wurde mir klar, dass immer noch ein riesiger Unterschied zwischen göttlicher und menschlicher Liebe besteht, ganz gleich, wie groß der Ausdruck unserer Liebe auch sein mag. Zugleich erkannte ich auch, wie sehr sich die Art, wie Gott die Welt sieht, von unserer Sicht unterscheidet.

Etwas zurückzuerwarten führt zu einem Geist der Intrige. Ein alter Weiser sagte: „Wirf falsche Spiritualität weg wie ein Paar alter Schuhe." – Kyong Ho

Auch Thomas Merton hatte eine solche Eingebung, als er schrieb: „Und dann war es, als ob ich plötzlich die geheime Schönheit ihrer Herzen, … die Person erkannte, die jeder von uns vor dem Angesicht Gottes ist. Könnten sie sich doch nur sehen, wie sie wirklich sind. Könnten wir doch auch einander nur so sehen. Alle Kriege, jeglicher Hass, alle Grausamkeit und Gier wären hinfällig.“

Die großen Erleuchteten des Geistes nennen dies die Wissenschaft der unbefleckten Vorstellung, und denken dabei an das reine, göttliche Vorbild der Seele, denn unsere Seele ist Abbild der Göttlichkeit. Diese Wissenschaft ist vergleichbar mit der Kraft der Visualisierung, die außergewöhnliche Leistungen in Sport und vielen anderen Bereichen ermöglicht. Untersuchungen haben ergeben, dass Spitzensportler ihre Ziele wesentlich sicherer erreichen, wenn sie imstande sind, sie zu visualisieren.

Wir tragen erheblich zur Verwirklichung dieser Gedanken bei, wenn es uns gelingt, uns bildlich vorzustellen, wie wir und unsere Mitmenschen unsere höchsten Möglichkeiten erreichen, indem wir sie behandeln, als brächten sie uns schon bedingungslose Liebe entgegen. Je mehr wir uns selbst als Meister unseres Lebens *sehen*, desto wahrscheinlicher ist es auch, dass wir Meister *werden.* Im 16. Jahrhundert schrieb der Kabbalist Moses Cordovero ein populäres und praktisches Handbuch zur Pflege spiritueller Tugenden: *Deborahs Palme*. Darin versucht er darzulegen, dass alle

Menschen versuchen sollten, in Tugenden und Taten den Schöpfer nachzuahmen, da wir ja nach seinem Ebenbild geschaffen wurden.

Zuerst zeigt Cordovero, wie wir unsere Barmherzigkeit pflegen können, indem wir uns das beste Bild unserer Mitmenschen vor Augen führen. Auch wenn die anderen uns provozieren und beleidigen, sollte uns dies nicht daran hindern, ihre guten Seiten zu sehen. Fällt uns das schwer, so sollten wir uns – wie Gott – all die guten Taten vorstellen, die sie seit ihrer Geburt vollbracht haben. Erscheinen uns Menschen dennoch wertlos, so sollten wir daran denken, dass auch sie einmal Kinder waren, die keine Sünde begingen.

Diese unbefleckte Vorstellung seiner Mitmenschen soll natürlich nicht bedeuten, Warnungen unseres Herzens oder unserer Seele zu missachten, wenn uns körperliche, geistige oder emotionelle Gefahr droht. Wir müssen die Untaten anderer keineswegs stillschweigend dulden oder ihnen erlauben, uns Schaden zuzufügen. Liebe urteilt zwar nicht, doch verfügt sie über ein gutes Unterscheidungsvermögen. Liebe fügt keinen Schaden zu, sondern sie liebt die Wahrheit.

Manchmal ist die höchste Form der Liebe die Wahrheit, besonders dann, wenn die Betroffenen einen Weckruf benötigen. Sind Sie nicht mit den Handlungen oder Aktionen eines anderen einverstanden, so können Sie ruhig, aber bestimmt sagen: „Dabei kann ich dich nicht unterstützen oder ich kann dir das nicht in meiner Anwesenheit gestatten."

Beziehungen sind die wichtigsten Stufen auf dem Pfad der spirituellen Entwicklung. Sind wir ständig unverrückbaren Verhaltensmustern anderer Menschen ausgesetzt, so kann dies unser spirituelles Wachstum beeinträchtigen. Deshalb heißt es auch, dass zwei Ehepartner unter demselben Joch arbeiten sollten.

Andererseits darf dies keineswegs rechtfertigen, dass wir einem Freund oder Partner unsere Unterstützung entziehen, sobald er etwas tut, was uns gegen den Strich geht. Versuchen wir nach Gottes Vorbild zu lieben, werden wir uns auch dafür einsetzen, dass jeder Mensch seinen eigenen Weg gehen und sein volles göttliches Potenzial verwirklichen kann, ohne dass wir ihn dabei unterbrechen, kritisieren oder beurteilen. Wir sind alle in der Lage, ein System gegenseitiger Unterstützung des Herzens zu entwickeln.

Forscher haben entdeckt, dass starke Gefühlsbande zu anderen Menschen uns nicht nur emotionell, sondern auch körperlich unterstützen. In den 60er-Jahren wurde die kleine pennsylvanische Stadt Roseto untersucht, die 1880 von italienischen Immigranten gegründet wurde. Wie kam es, dass die Einwohner von Roseto wesentlich gesünder waren als ihre Nachbarn? Die Statistiken sprachen für sich: Es gab wesentlich weniger Fälle von Altersschwachsinn und 40 % weniger Herzanfälle als in allen anderen Vergleichsgruppen, obwohl sie sich in den Risikofaktoren wie Übergewicht, Rauchen, mangelnde körperliche Betätigung oder hoher Cholesterinspiegel keineswegs von ihnen unterschieden. Der einzige Unterschied war ihr Gemeinschaftsgeist und ihr Gefühl der Zusammengehörigkeit.

Liebe ist nicht Liebe,
Die sich ändert, wenn Veränderung sich einfindet ....
Oh nein, sie ist eine ewig fixierte Marke, die Stürme über sich ergehen läßt und niemals wankt.
– William Shakespeare

Dr. Stewart Wolf, einer der Wissenschaftler, der dieses Phänomen des „Roseto-Effekt“ untersuchte, bestätigte, dass der einzige Faktor, der für ihre gute Gesundheit verantwortlich war, auf „einer bemerkenswerten sozialen Bindung und einem Verständnis bedingungsloser Unterstützung innerhalb der Gemeinde“ beruhte. Zu jener Zeit standen ihre Häuser noch nahe beisammen, und in vielen lebten drei Generationen unter demselben Dach.

Andere Forscher unterstrichen die Lebensfreude, das gegenseitige Vertrauen und die Hilfsbereitschaft der Roseter. Keiner fühlte sich im Stich gelassen. Spätere Studien zeigten jedoch auch auf, dass die zunehmende Amerikanisierung der Jugend Rosetos nicht nur zu einem Verlust der starken Gesellschaftsbande, sondern zugleich auch zu einer Zunahme der Herzinfarkte führte, die sich bald dem Landesdurchschnitt anpassten.

Der Roseto-Effekt sollte uns in unserem Umgang mit der älteren Generation zu denken geben. Er zeigt aber nicht nur auf, wie wir sie in unsere Gemeinschaft integrieren sollten, sondern belegt überdies, dass die Bande des Herzens lebenswichtig sind. Vergleichbare Studien bestätigten diese Entdeckungen. So ist mittlerweile auch erwiesen, dass Frauen mit Brustkrebs doppelt so große Überlebenschancen haben, wenn sie in Gruppen an dem Problem arbeiten. In einer Untersuchung der Duke Universität wurde festgestellt, dass Menschen mit Herzproblemen länger leben, wenn sie verheiratet sind oder einen Lebenspartner haben. Die französische Schauspielerin Jeanne Moreau formulierte das folgendermaßen: „Alter schützt nicht vor Liebe, doch schützt Liebe zu einem gewissen Grad vor dem Altern.“

PERSPEKTIVEN DES HERZENS

- **Halten Sie sich an das Prinzip der „unbefleckten Vorstellung“.** Haben Sie nie das Gefühl, unrealistische Ansprüche an Ihre Beziehungen zu stellen? Wenn es Ihnen schwer fällt, Ihre Mitmenschen zu lieben oder bedingungslos zu unterstützen, vergessen Sie nicht, wie geduldig Gott mit Ihnen gewesen ist und wie sehr er die Seele des Menschen lieben muss, der Ihnen gerade Schwierigkeiten bereitet. Versuchen Sie über die äußeren Charakterzüge hinweg in die wahre

Identität und das Potenzial dieses Menschen zu blicken.

- **Schätzen Sie Ihr Hilfsnetz.** Gab es Momente in Ihrem Leben, in denen der Mangel an engen Freundschaften Ihr physisches oder psychisches Wohlergehen beeinträchtigte? Gibt es heute Menschen in Ihrem Leben, mit denen Sie enge Bande des Vertrauens und gegenseitiger Unterstützung verbinden? Wenn nicht, so sollten Sie vielleicht in Erwägung ziehen an Aktivitäten teilzunehmen, wo andere Ihre Interessen teilen: Gruppen, die über Bücher diskutieren, die sich um Kinder kümmern oder die an der Verbesserung Ihres Ortes oder Stadtviertels arbeiten.

3

Heilung des Herzens

Die Heilung des Herzens beginnt mit der Barmherzigkeit – Barmherzigkeit gegenüber anderen und uns selbst. Sie beginnt mit der Erkenntnis, dass wir für unser eigenes Schicksal verantwortlich sind. Egal, was wir bisher getan oder erfahren haben, wir können uns immer selbst übertreffen. Wir können lernen, den kreativen Fluss der Energie durch das Herz zu meistern.

3. Heilung des Herzens

Das barmherzige Herz

Glück ist eine gute Gesundheit
und ein schlechtes Erinnerungsvermögen.
– Ingrid Bergmann –

Es war über zwanzig Jahre her, dass Rich sich von seiner ersten Frau hatte scheiden lassen, doch bedauerte er immer noch, wie diese Ehe geendet hatte. „Ich war zu sehr mit mir selbst beschäftigt und so viele Dinge waren mir einfach noch nicht klar gewesen", erinnert er sich. Es tat ihm auch sehr Leid, dass er seinen Schwiegereltern nie hatte sagen können, wie sehr er sie geschätzt hatte und dass er sie durch diese Scheidung keineswegs hatte kränken wollen.

Nach einigen Jahren brachte er den Mut auf, seiner Ex-Frau zu schreiben und sie um Verzeihung zu bitten. Er sandte den Brief an seinen Sohn aus dieser Ehe mit der Bitte, ihn an seine Mutter weiterzuleiten. Schon bald erhielt er einen Anruf von seiner früheren Frau.

„Als ich ihre verständnisvollen Worte hörte, hatte ich das Gefühl, jemand öffnete mir das erste Mal in meinem Leben sein Herz. Sie hatte auch eine Nachricht ihrer Mutter an mich: ‚Bitte richte Rich aus, dass ich ihm schon so lange vergeben habe, dass ich gar nicht mehr dran denke.' Für mich war das das Netteste, was ein Mensch einem anderen sagen konnte. Jahrelang hatte ich schlimme Schuldgefühle mit mir herumgetragen, und diese Worte brachten mir Heilung."

Es hatte Rich große Überwindung gekostet, sein Herz und seine Gefühle in diesem Brief so offen zu legen. Er hatte seine Angst, zurückgewiesen zu werden, überwinden müssen. Doch sobald er gehandelt hatte, sobald er Barmherzigkeit walten ließ und erbat, hatte die Heilkraft der Liebe Furcht und Schuldgefühle überwunden. Wieviel Mut ihn die ganze Geschichte jedoch wirklich gekostet hatte, wurde ihm erst klar, als er sie seinem Cousin erzählte, der selbst vor kurzem eine schwierige Scheidung durchgemacht hatte. „Als ich versuchte, ihm klarzumachen, welch erlösendes Gefühl diese Aussprache für mich war und ihm vorschlug, einen ähnlichen Schritt zu tun, geriet er in völlige Panik.

Er konnte nicht schnell genug aus meinem Haus kommen."

Auch das ist eine normale Reaktion. Fällt uns etwas besonders schwer oder ekelt uns an, dann versuchen wir oft, so schnell wie möglich davon wegzukommen. Winston Churchill sagte einmal: „Menschen stolpern gelegentlich über die Wahrheit, doch die meisten stehen auf und laufen fort so schnell sie können, als ob nichts geschehen wäre." Befinden wir uns auf dem Pfad des Herzens und stolpern über eine Situation, die gelöst werden will, so sollten wir sie auf keinen Fall meiden, wenn sie uns auch noch so unangenehm ist. Denn wir wissen, dass unsere spirituelle Entwicklung sich nur dann wirklich frei gestalten kann, wenn wir auch diese Schattenseiten konfrontieren und Gnade walten lassen. Wir sind immer und überall dazu angehalten zu vergeben, zu vergeben und zu vergeben.

Dieser Lebensregel liegt ein einfaches Gesetz zugrunde. Solange wir einem Menschen, der uns Unrecht angetan hat, nicht verziehen haben – auch wenn er uns immer wieder unrecht tut –, so sind wir an ihn gebunden. „Alles, was wir nicht vergeben können", schreibt André Gide, „verfügt über uns."

Der Mensch, dem wir nicht verzeihen können, auf den wir zornig sind, wird unser Meister. Egal wie sehr wir in eine andere Richtung ziehen, das Band des ungelösten Konflikts lässt uns nicht weiterkommen – und dieses Band ist in der Regel ziemlich kurz, da unsere Seele unvermeidlich wieder zu den ungelösten Problemen zurückkehrt, um eine Lösung zu finden und wieder in Harmonie zu kommen.

Liebe und du wirst geliebt werden. Alle Liebe unterliegt einer mathematischen Gerechtigkeit, ebenso wie die beiden Seiten einer algebraischen Gleichung. – Ralph Waldo Emerson

Deshalb werden Menschen, die sterben, ohne mit ihren Feinden Frieden geschlossen zu haben, im Jenseits eine Überraschung erleben. Sie werden herausfinden, dass sie in ihren nächsten Leben wieder mit genau denselben Seelen konfrontiert werden, bis sie dazu in der Lage sind, ihren Zorn, ihre Rachegelüste und ihre Ressentiments zu überwinden und wahre Liebe gelernt haben. Solche tief verwurzelten Vendettas zwischen Familien oder Völkern sind nicht nur ein paar Generationen alt, sondern gehen meist mehrere Jahrhunderte zurück. Die Blutrache wird fortgesetzt, bis die Beteiligten eines Tages endlich einander verzeihen.

Doch nehmen Menschen ihr Nicht-verzeihen-Können nicht nur mit ins Grab, es bringt sie auch früher dorthin. Eine Studie der Universität von Tennessee zeigte die psychischen und physischen Auswirkungen des Verzeihens auf. Die Wissenschaftler maßen Indikatoren wie Blutdruck, Stirnmuskelspannung und Herzrhythmus, während Studenten erzählten, wie sie betrogen worden waren. Dabei stellten sie fest, dass diejenigen Versuchspersonen, die nicht in der Lage waren, Geschehnisse durch Verzeihen zu überwinden, einen erhöhten Blutdruck aufwiesen.[24]

Die Vorstellung des Verzeihens ist jedoch für viele von uns verwirrend. Oft wurde uns beigebracht, dass das Vergeben den Fehltritt, das Verbrechen oder die Sünde aufhebt. Viele meinen, es genüge, um Verzeihung zu bitten oder anderen zu vergeben, damit eine Geschichte bereinigt ist und wir keine weitere Verantwortung diesbezüglich zu tragen haben. Doch ist die Vergebung keine Absolution. Wir müssen nach wie vor für die Folgen unserer Taten einstehen. Haben wir jemanden bezahlt, um unser Auto blau anzumalen und er liefert uns einen roten Wagen, so können wir ihm verzeihen, doch ist es an ihm, den Fehler zu beheben und das Auto blau zu spritzen.

Wenn Gott uns vergibt, so ist unser negatives Karma (unsere Sünde) eine Zeit lang versiegelt. Es ist so, als ob Gott uns das Bündel Karma von den Schultern nimmt, um uns zu ermöglichen, auf unserem Weg der Selbsterfahrung weiterzukommen und bestimmte Proben zu bestehen, bis er uns das Bündel wieder überreicht. Und wir werden es auf alle Fälle wieder zurückbekommen! Haben wir den Test schließlich bestanden, gelangen wir auf die nächste Ebene der spirituellen Meisterschaft.

So funktioniert das Universum. Verlieren wir die Geduld oder werden wütend, werden wir immer wieder nach der Formel der Geduld und des Verzeihens geprüft werden. Dieser Test kann unter völlig neuen Umständen oder aber auch als Wiederholung des bekannten Drehbuchs mit den gleichen Personen stattfinden. In jedem Fall liegt es aber allein an uns zu zeigen, wie viel Liebe und Vergebung wir diesmal aufbringen, um uns und die anderen zu heilen.

Jesus war ein Prophet der Liebe. Eine seiner wichtigsten Lehren zur spirituellen Dynamik der Liebe steckt im Vaterunser: „Vergib uns unsere Schuld wie auch wir vergeben unseren Schuldigern." Wir kennen diese Worte so gut, dass wir uns oft gar nicht mehr vor Augen führen, was sie eigentlich bedeuten: Verzeih uns unsere Fehler und Irrtümer *genau so wie* wir sie unseren Mitmenschen verzeihen.

Auch dies ist ein grundlegendes Gesetz des Karmas: Wir werden so behandelt werden, wie wir die anderen behandeln. Verzeihen wir nicht, wird auch uns nicht verziehen werden. So schadet ein erbarmungsloses Herz in erster Linie uns selbst.

Das Gesetz des Verzeihens ist eine simple Gleichung von Energien. All unsere Gedanken, Gefühle und Taten haben energetische Auswirkungen auf unsere Existenz. Geht das östliche Feng Shui davon aus, dass bestimmte Blockaden und Störungen unseres Umfelds sich direkt auf unser Leben auswirken, so gilt dasselbe für unsere Innenwelt. Geben und nehmen wir die Liebe so frei, wie sie kommt, und

Nicht Liebesgeschichten sind wichtig, sondern der Umstand, dass wir der Liebe fähig sind. – Helen Hayes behandeln die Dinge sowie sie in unser Leben eintreten, so kann die Energie fließen. Versteifen wir uns auf unseren Groll und Zorn, blockieren wir die Energie. Wird der Mangel an Liebe und Verzeihung akut, so verhärtet sich die gesamte Zone um unser Herz. Deshalb sprechen wir im übertragenen Sinne auch von einem „harten Herzen".

Wollen wir unser Herz heilen und Gnade walten lassen, so sollten wir uns so schnell wie möglich um all die unangenehmen Dinge kümmern, die in unserem Leben auftauchen. Verzeihen wir den anderen und bitten ebenso inständig um Vergebung, kommen beide Seiten bald wieder auf ihrem Lebensweg vorwärts.

Keiner der großen Meister hat jedoch behauptet, dass das Vergeben immer ein leichtes Spiel ist. Manchmal bedarf es großer innerer Überwindung, anderen schwere Verbrechen gegen Körper, Geist und Seele verzeihen zu können. Einmal schüttete eine Frau mir ihr Herz in einem Brief aus: „Ich kann tun, was ich will, aber es gelingt mir einfach nicht, meinem früheren Mann zu vergeben, dass er meine Töchter missbraucht hat. Sie haben ihr ganzes Leben darunter gelitten und haben deshalb auch heute noch Probleme in ihren Ehen. Sie sind das Trauma bis heute nicht vollständig losgeworden, und ich bin ihm auch heute noch sehr böse dafür. Was soll ich tun?"

Ich betete zu Gott und bekam in meiner Meditation eine ebenso starke wie befreiende Antwort, die ich der Frau übermittelte. Ein Problem wird in zwei Schritten gelöst. Im ersten Schritt bitten wir um göttliche Gnade. Wir können der Seele des Menschen verzeihen, der einen Fehler begangen hat und können auch Gott darum bitten ihr zu vergeben. Im zweiten Schritt bitten wir die göttliche Gerechtigkeit darum, die inneren und äußeren negativen Kräfte zu binden, die die Seele nicht loslassen und weiterhin durch sie hindurch wirken. Wir können Gott darum bitten, die unwirklichen Schattenseiten dieser Person zu unterdrücken, die für das Unrecht verantwortlich waren, und der Seele die Gelegenheit zu geben, ihre Taten zu bereuen und so stark zu werden, dass sie dem Unrecht bei der nächsten Versuchung widerstehen kann.

Vergeben wir einem anderen, so bedeutet dies keineswegs, dass wir sein Fehlverhalten dulden, sondern es heißt vielmehr, dass wir unser Gefühl des

Unrechts überwinden und die Rechtsprechung Gott überlassen. Das Wann, Wo und Wie ist seine Angelegenheit: „Die Rache ist mein, sprach der Herr.“

Es ist also unsere Aufgabe zu verzeihen, aber es steht Gott zu, zu urteilen und die Konsequenzen des Karmas festzusetzen, die der Seele helfen werden, die Lektion zu lernen. Wir können die spirituelle Natur eines jeden Menschen unabhängig von seinen Taten lieben. Das belebende Feuer im Kern jeder einzelnen Zelle ist Gott. Dieses Licht der Seele können wir lieben und ehren, auch wenn das Bewusstsein, welches sich dieses Lichts bedient, nicht dem Geiste dient.

Das Verständnis dieser beiden Komponenten des Verzeihens – der Vergebung der Seele und der Bitte an Gott, die negativen Kräfte zu binden, die durch sie wirken – heilte auch die Mutter der misshandelten Kinder. Sie fühlte sich befreit, da ihr plötzlich klar wurde, dass Gott Erbarmen und Recht nach seinem Gutdünken walten lassen würde. Nach Jahren der Qual konnte sie diese Situation endlich überwinden.

PERSPEKTIVEN DES HERZENS

- **Überdenken Sie Ihre eigene Fähigkeit zu verzeihen.** Sind Sie in der Lage, Konflikte schnell zu lösen oder tendieren Sie eher dazu, sie lange mit sich herumzuschleppen? Schaffen Sie es, sie loszulassen, sie Gott zu überlassen und sie so zu überwinden?
- **Suchen Sie Lösungen.** Gibt es eine oder mehrere Situationen in Ihrem Leben, die Sie noch nicht ganz verdaut haben? Solche Dinge können sich schon vor langen Jahren zugetragen haben, Ihnen aber immer noch schwer im Magen liegen.

  Gibt es jemanden, dem Sie noch nicht verziehen haben oder der Ihnen noch nicht verziehen hat, so nehmen Sie Kontakt zu dieser Person auf. Bitten Sie um Vergebung oder teilen Sie ihr mit, dass Sie ihr verziehen haben. Lebt die fragliche Person nicht mehr, so können Sie ihr trotzdem einen Brief schreiben, ihn verbrennen und die Engel darum bitten, die Nachricht der verstorbenen Seele zu übermitteln.

Das Mysterium der Selbsttranszendenz

Als menschliche Wesen liegt unsere Größe weniger darin,
die Welt erneuern zu können, als in der Lage zu sein,
uns selbst zu erneuern.
– Mahatma Gandhi –

Meist sind wir selbst der Mensch, dem wir am meisten zu verzeihen haben. Manchmal meinen wir aber, wir wären das nicht wert. Wir sehen all unsere menschlichen Fehler und halten uns einfach nicht für gut genug. Doch sind wir nicht auf dieser Welt, um perfekte Menschen zu werden. Wir leben, um unsere innere Größe zu entfalten und das ganze Potenzial unseres spirituellen Selbst zu offenbaren.

Jeder von uns hat Fehler begangen. So dürfen wir auch nicht die Schmerzen ignorieren, die wir anderen zugefügt haben. Wir müssen in unserem tiefsten Herzen solche Reue empfinden, dass wir sicher sind, nie wieder einem anderen Menschen solches Leid zuzufügen. Aber es ist ebenso notwendig, diese Phase hinter sich lassen zu können.

Ganz gleich, welche Fehler wir begangen haben, wir waren damals zu nichts Besserem in der Lage. Nun ist es an der Zeit, uns selbst zu verzeihen, unser Leben wieder aufzunehmen und uns auf die riesigen, spirituellen Möglichkeiten zu konzentrieren, die uns gegeben sind. Wir verfügen alle über dieses Potenzial, auch wenn wir es nicht immer akzeptiert haben.

Sich selbst zu verzeihen und sich zu akzeptieren ist meist so schwierig, weil wir uns in unserer Kindheit oft herabgesetzt oder verspottet fühlten. Unsere „Ankläger" fällten erbarmungslose Urteile über uns. Das Buch der Offenbarungen, ein wahres Drama der Archetypen, erzählt von dem Kläger unserer Brüder, der sie „Tag und Nacht anklagte". Er steht für all jene, die ihre Mitmenschen ständig kritisieren und aburteilen.

Gegenüber solchen Menschen meinen wir oft fälschlicherweise, dass wir keine Liebe verdienen. Wenn all diese Fetzen der Kritik um uns fliegen, ist uns nur selten klar, dass die Ankläger uns nur niedermachen und sich mit uns auseinander setzen, um ihr eigenes Selbstwertgefühl zu steigern.

Jeder Mensch kann von konstruktiver Kritik und erhebendem Feedback profitieren, doch neigt unsere Gesellschaft dazu, vor allem unsere negativen Seiten zu unterstreichen. Oft brauchen wir andere nur anzusehen, um sie schon im Geiste zu zerlegen. Wir mögen ihre Kleidung nicht, finden ihre Brillen lächerlich oder ihre Augenbrauen hässlich. Wir haben gelernt, andere (und uns selbst) an unmöglichen Maßstäben zu messen, statt uns der großen Gabe der Vision zu bedienen, die uns den lebendigen Geist jedes Menschen offenbart und anerkennen lässt. Man hat uns beigebracht, dass wir diesen Vorgaben entsprechen müssen, um akzeptiert und geliebt zu werden. Doch sehnt sich unsere Seele nach nichts anderem, als so geliebt zu werden, wie sie in ihrem Innersten ist – und nicht für unsere Persönlichkeit, Erscheinung oder Leistungen.

Meine Aufgabe besteht nicht darin, Spieler zu motivieren, sondern sie nicht zu demotivieren. – Lou Holtz

Ich erinnere mich noch sehr genau an den Tag, als ich mit meinem Mann Mark spazieren ging und er seine Liebe zu mir – meinem wahren Ich – eingestand. Er sagte: „Elizabeth, ich liebe deine Seele." Ich weinte vor Freude. Das erste Mal in meinem Leben hatte ich einen Menschen kennen gelernt, der meine Seele erkannte und mich trotz all meiner Fehler und Probleme lieben konnte. Er liebte mich nicht, weil ich perfekt oder nicht war, sondern um meiner Selbst willen.

Kritisieren wir unsere Mitmenschen, so kreuzigen wir eigentlich Gott in ihnen. Doch haben wir in unserem Leben die Aufgabe, diesen Gott vom Kreuz zu nehmen, indem wir unsere Mitmenschen stärken, anstatt sie niederzumachen. Sind wir dazu geneigt, andere zu kritisieren, sollten wir einen Moment einhalten und untersuchen, was uns wirklich bewegt. Wir sollten uns die Frage stellen, warum wir diese Kritik nötig haben und wovor wir Angst haben.

Schon lange gehen Psychologen davon aus, dass wir durch die Kritik anderer eigentlich uns selbst kritisieren. An unseren Mitmenschen stört uns am meisten und vehementesten das, was wir an uns selbst nicht mögen. Dr. Harville Hendrix erzählt, wie er diesen Mechanismus in seiner eigenen Ehe beobachten konnte: „Wir mussten lernen, die Charakterzüge unseres Partners zu lieben, die uns am meisten an uns selbst stören."

So schreibt Hendrix z. B. davon, dass es ihn ärgert, wenn seine Frau lange telefoniert. Er selbst verbringt dafür zu viel Zeit hinter seinem Computer. Wenn er nun mehr Verständnis dafür aufbringt, dass diese langen Telefongespräche seiner Frau wichtig sind, und ihr dieses Bedürfnis zugesteht, so überwindet er dadurch zugleich die unbewusste Abneigung gegen einen eigenen Wesenszug. Dadurch bringt er nicht nur seiner Frau, sondern auch sich selbst mehr Liebe entgegen. Jedes Mal, wenn wir uns eher in die Haut anderer versetzen, als sie zu verurteilen, sagt er, so akzeptieren wir auch uns selbst, anstatt uns zurückzuweisen.[25]

Seine wichtigste Schlussfolgerung ist, dass viele unserer psychologischen, spirituellen und sogar materiellen Probleme darauf zurückzuführen sind, dass wir uns selbst nicht verziehen und uns demnach auch nicht akzeptiert haben. Haben wir aber keine Nachsicht mit uns selbst, so bringen wir sie auch nicht für unsere Nächsten auf. Sind wir hart

und rigide mit uns selbst, so sind wir es auch mit unseren Mitmenschen. Hegen wir Frieden in unserem Inneren, so werden wir unserer Umwelt durch ihn entgegenkommen.

Als Gott uns einen freien Willen gab und uns in diese dichte, stoffliche Welt setzte, wusste er, dass wir Fehler machen würden. Der Weg des Alchemisten auf der Suche nach einem höheren Ziel läuft nun einmal über Versuch, Irrtum und unzählige Experimente. Unsere Fehler sind dazu da, uns vorwärts zu bringen, während wir die Lektionen lernen und achten, die uns dies ermöglichen. Unser Leben war nie als Tretmühle gedacht, in der wir dieselben Fehler unablässig wiederholen, statt uns auf der Spirale der Selbsttranszendenz nach oben zu bewegen.

Alles Leben ist ein Experiment. – Ralph Waldo Emerson

Auch diese Selbsttranszendenz ist ja ein Gesetz des Universums. Weder die spirituelle Welt noch das stoffliche Universum sind statisch. Alle Wesen der spirituellen Reiche, von den Heiligen über die Meister bis hin zu den Erzengeln, wachsen ständig und erlangen immer mehr Liebe, Weisheit und

Kraft. Auch wir sind dazu geschaffen, uns durch die Energie, die uns täglich zur Verfügung steht und unser Leben aufrechterhält, ständig selbst zu transzendieren.

Haben wir das Gefühl, nicht vorwärts zu kommen, so stecken wir in einer Matrix der Selbstbeschränkung und sind nicht in der Lage, uns eine höhere Form dieser Matrix mit all unseren Möglichkeiten vorzustellen. Sehen wir uns heute genauso wie gestern, so verwenden wir all unsere neue Energie darauf, die vergangenen Verhaltensmuster auch heute noch nachzuahmen. Schlummert irgendwo in uns die Überzeugung, dass wir begrenzt und die Anschuldigungen der anderen ohnehin nur gerechtfertigt sind, so wird sie uns daran hindern, uns an höheren Mustern zu orientieren. Umgekehrt tragen wir durch all unsere Kritiken dazu bei, dass auch andere ein ähnlich beschränktes Bild von sich selbst haben.

Wenn wir also nicht so sind, wie wir gerne sein möchten, so ist es durchaus möglich, dass wir zu viel unserer Energie in die Aufrechterhaltung alter Verhaltensmuster stecken. *Nur die Liebe ist imstande, eine neue Matrix zu schaffen.* Liebe ist selbst-transzendierend und zeigt uns, dass wir die Kontrolle über unser Schicksal haben. *Ich kann jeden Tag ein neuer Mensch sein!* Was für eine spannende Vorstellung! Wir sind gemeinsame Schöpfer mit dem Geiste Gottes und dieser gemeinsame Schöpfungsprozess findet genau dort statt, wo wir uns gerade befinden. Wir sind Wissenschaftler des Geistes, Alchemisten in der Werkstatt des Seins. Wenn wir wollen, können wir die Liebe täglich in neuen Formen zum Ausdruck kommen lassen.

PERSPEKTIVEN DES HERZENS

- **Sind Sie in einer Matrix der Selbstbeschränkung verfangen?** Welche falschen Vorstellungen hegen Sie von sich selbst, die Ihnen von anderen Menschen auferlegt wurden? Welches höhere Bild hätten Sie lieber von sich selbst? Was könnten Sie tun, um dieses höhere Bild tagtäglich wachzurufen?
- **Wenn Sie sich das nächste Mal verurteilt fühlen, gestehen Sie sich zu zu sagen:** „Ich habe das Gesetz der Vergebung angerufen. Mein Gott hat mir verziehen. Ich werde die Dinge heute besser

machen. Deshalb akzeptiere ich auch nicht diese Schuld, diese Schande oder dieses Sünderetikett!" Werfen Sie all Ihre Schuldgefühle und Scham in das alchemistische Feuer des Herzens. Sehen Sie zu, wie dieses Feuer des Vergebens die Gitter um Ihr Herz niederschmilzt und Ihre Seele freisetzt.

- **Lassen Sie den Alltag zu einem Spiegel werden.** Denken Sie an Charakterzüge oder Verhaltensweisen von Menschen, die Sie stören. Erinnert es Sie an etwas, das Sie an sich selbst nicht mögen? Versuchen Sie, sich in die Haut dieser Menschen zu versetzen und zu verstehen, weshalb sie so handeln. Überlegen Sie sich dann, welche Funktion ein ähnliches Verhalten bei Ihnen selbst einnimmt.

Das Ritual der Vergebung

Wer anderen nicht vergibt,
zerstört die Brücke, über die er selbst wird gehen müssen.
– George Herbert –

Kümmern wir uns nicht gleich um Probleme, wenn sie auftauchen, so werden all die ungelösten Konflikte sich aufstauen und die Pforten des Herzens blockieren. Wir drehen und wenden uns nachts im Bett und reagieren unmittelbar und unerwartet vehement, wenn bestimmte Situationen diese ungelösten Gefühle wieder in uns wecken.

Am besten halten wir die Kanäle unseres Herzens offen, indem wir jeden Abend vor dem Einschlafen ein kleines Ritual des Loslassens vollziehen (siehe auch die „Perspektiven des Herzens" am Ende dieses Kapitels). Ein Teil dieses Rituals kann die Bitte an Gott sein, am nächsten Tag die notwendigen Schritte zur Konfliktlösung in die Wege leiten zu können.

Ein universelles Gebet, das schon vielen im Zuge dieses Rituals geholfen hat, ist die Affirmation des Vergebens. John bekam sie eines Tages von einem Freund und steckte den Zettel in eine Schublade seines Büros. In derselben Woche ging er mit einer Freundin seiner Frau mittagessen und erfuhr dort eine schockierende Neuigkeit: Seine Frau hatte eine Beziehung mit dem stellvertretenden Verkaufsleiter ihres gemeinsamen Betriebes, und diese Beziehung hatte schon begonnen, bevor sie überhaupt geheiratet hatten.

Verletzt und völlig aus der Fassung rief er seine Frau und ihren Liebhaber an, um sie zur Rede zu stellen. „Als ich den Hörer auflegte", erinnert er sich, „fühlte ich, wie glühender Zorn mich überkam. Nur allzu leicht hätte ich die Kontrolle über mich verlieren und irgendetwas Dummes anstellen können. Ganz unbewusst machte ich die Schublade auf und spielte mit dem Zettel meines Freundes. Plötzlich hatte ich das starke Bedürfnis, diese Affirmation der Vergebung aufzusagen. Ich tat das mehrmals, wenn auch nicht laut, da ich ja auf der Arbeit war, dafür aber mit meinem ganzen Herzen. Ich spürte, wie unglaublicher Friede über mich kam und fühlte, wie die flüchtige Energie der Wut verrauchte und ich langsam wieder klar denken konnte."

Als er sich beruhigt hatte, dachte John daran, dass sein Schwiegervater ein Alkoholiker gewesen war und seine Frau nie das Gefühl gehabt hatte, von ihrem Vater geliebt zu werden. Nun tat sie ihr Bestes, nicht nur John, sondern auch ihren Liebhaber zufrieden zu stellen. Die Nachricht schien überdies etwas zu bestätigen, was John nun schon seit Monaten durch den Kopf gegangen war: Es war Zeit, diese Beziehung zu beenden, um sein spirituelles Wachstum nicht durch sie zu behindern.

Anstatt sich in einem Spiel von Rache und Schuld zu verheddern, unternahm John einen Schritt, der sich später als positiv für ihn wie auch seine Frau herausstellen sollte. Innerhalb weniger Wochen ließen sie sich scheiden. Er fühlte sich frei, ein neues Leben anzugehen, da er seiner Ex-Frau aufrichtig verziehen hatte. „Wir gingen schließlich sogar als Freunde auseinander", erzählt er. „Die Affirmation der Vergebung half mir nicht nur, meinen Zorn loszuwerden, sondern auch eine ungesunde Beziehung zu überwinden, in der wir uns beide festgefahren hatten.“

PERSPEKTIVEN DES HERZENS

- **Schaffen Sie sich Ihr eigenes Ritual des Loslassens.** Lassen Sie vor dem Einschlafen noch einmal die Ereignisse des Tages vor Ihrem inneren Auge Revue passieren. Sprechen Sie dann mit Gott über Ihren Tag. Bereiten Ihnen ungelöste Probleme Sorgen, so bitten Sie Gott, Ihnen zu verzeihen oder zu helfen, anderen zu verzeihen und den Energiefluss in Form einer Acht zwischen Ihnen und den Menschen Ihrer Wahl herzustellen. Senden Sie Ihre Liebe über diese Acht an all jene, die Ihnen oder denen Sie Unrecht angetan haben. Bitten Sie Gott, Ihren Lieblingsheiligen oder -engel darum, Ihrer Seele während des Schlafes zu zeigen, wie sie diese Situation am nächsten Tag meistern kann. Bitten Sie außerdem um die Gelegenheit, die Dinge zum richtigen Augenblick und am rechten Ort wieder ins Lot bringen zu können.
- **Versuchen Sie die Affirmation der Vergebung.** Bitten Sie zuerst darum, dass Ihnen selbst und allen,

die Sie nennen, vergeben wird. Visualisieren Sie, wie ein heiliges Feuer mit rosaroten und violetten Flammen in ihrem Herzen brennt.[26] Lassen Sie diese Flammen des Verzeihens immer stärker werden, bis sie die verhärteten Energien des Nicht-verzeihen-Könnens und die Gefühle von Schmerz und Leid verwandelt haben.

Ihr Herz kann währenddessen selbst zu einem Werkzeug göttlicher Liebe werden. Senden Sie während des Gebets die rosa-violetten Flammen von Ihrem Herzen an die Herzen all der genannten Personen. Stellen Sie sich vor, wie sie alle Härte des Herzens schmelzen lassen.

Je mehr Übung Sie mit dieser Visualisierung haben, desto mehr Menschen können Sie diese brennenden Sphären des Lichts schicken und sich sogar vorstellen, wie die Flammen der Verzeihung wie heilender Balsam über ganze Städte, Länder oder Kriegsgebiete niedergehen. Wiederholen Sie die Affirmation so oft Sie möchten. Je öfter Sie sie wiederholen, desto mehr Kraft konzentrieren Sie dadurch.

Affirmation der Vergebung

ICH BIN[27] die hier wirkende Vergebung,
Die alle Zweifel und Furcht überwindet
Und die Menschen immerwährend
Durch ihre Flügel des kosmischen Sieges befreit.

ICH BIN der Ruf in voller Kraft,
Der stündlich nach Vergebung strebt.
Ich verströme meine verzeihende Gnade
An alle Lebewesen an jedem Ort.

Frieden schließen mit Gott

Das Ausmaß unserer Ignoranz entspricht unserem Glauben an Unrecht und Tragik. Was die Raupe als das Ende der Welt bezeichnet, nennt der Meister einen Schmetterling.
– Richard Bach –

„Ich will und kann es nicht verstehen! Wie konnte Gott das nur zulassen? Wie konnte er meinen Partner (mein Kind, meine Geschwister oder Eltern) sterben lassen?"

Wem kommen diese Fragen nicht, wenn er Tragödien durchlebt, für die es keine logischen Erklärungen zu geben scheint? Doch sind sie keineswegs die „Schuld" Gottes. Das Gesetz des Kreises oder des Karmas („alles kehrt wieder") erklärt, dass alles, was uns heute widerfährt, eine direkte Konsequenz vergangener Taten – aus diesem oder früheren Leben – ist. Aus Liebe gab Gott unserer Seele den freien Willen, den er voll und ganz respektiert. Er gesteht uns Experimente zu, damit wir aus der direkten Erfahrung der Folgen unserer Handlungen lernen können.

Natürlich schaffen Menschen ständig negatives Karma, wenn sie anderen schaden. Insofern brauchen wir die Ursachen für negative Folgen in unserem Leben gar nicht unbedingt sehr weit in unserer Vergangenheit zu suchen. Manche Seelen stellen sich sogar freiwillig zur Verfügung, um einer nahen Seele zu helfen, eine wichtige Lektion zu lernen.

Nie können wir wirklich mit Sicherheit die wahren Ursachen tragischer Begebenheiten ergründen. Doch haben wir immer die Wahl: Wir können Gott verfluchen und uns oder anderen die Schuld geben, oder aber unser Herz in Liebe öffnen und versuchen, die Lektion zu verstehen, die unserer Seele hier zuteil werden soll.

Oft ist uns gar nicht bewusst, dass wir mit Gott hadern. Manchmal wird uns das erst durch die Symptome klar, die unser Unterbewusstsein nach und nach freisetzt. So äußert sich unbewusster Zorn z. B. oft durch ein übermäßiges Bedürfnis zu essen oder zu schlafen. Bei manchen kommt diese stille Rebellion durch Passivität und Desinteresse zum Ausdruck. Wieder andere tendieren bei verdrängter Wut dazu, ihre Mitmenschen zu kritisieren oder sich auf ihre Arbeit oder andere Beschäftigungen der Außenwelt zu konzentrieren, um den Wurzeln ihres Zorns bloß nicht in die Augen sehen zu müssen. Alles ist gut genug, um der Realität zu entfliehen.

Gelingt es uns nicht, die Verletzung zu heilen, die gleich unter unserem Zorn liegt, werden wir Schmerz und Wut unser ganzes Leben mit uns tragen. Bewusster oder unbewusster Groll auf Gott kann also den Ablauf unserer Zukunft, ja auch unserer nächsten Leben bestimmen.

Manchmal besteht der einzige Trost unseres Schmerzes in der Dankbarkeit für die Dinge, die wir haben. (Vielleicht ist dies auch die Lektion, die wir hierbei zu lernen haben.) Während des großen Brandes in Los Alamos fragte ein Fernsehreporter ein Ehepaar, was sie dabei fühlten, als sie die Bilder ihrer brennenden Stadt und ihres zerstörten

Es hat mir gut getan, von der Hitze des Lebens angesengt und vom Regen des Lebens durchnäßt worden zu sein. – Henry Wadsworth Longfellow

Hauses sahen: „Als wir diese Aufnahmen sahen“, erwiderte der Mann, „nahmen meine Frau und ich uns nur in die Arme und sagten uns, wie dankbar wir waren für das, was uns geblieben war.“

John und Reve Walsh durchlebten eine solche Feuerprobe, als ihr Sohn Adam in Florida entführt wurde, während seine Mutter nur wenige Meter daneben einkaufte. Einige Wochen später wurde Adams Kopf in einem Kanal gefunden. John, der damals an der Erschließung neuer Hotels arbeitete, war am Boden zerstört. Er war nicht mehr in der Lage zu arbeiten und verlor fast all sein Hab und Gut. Doch wandelten er und seine Frau ihre Trauer zu etwas, was heute Tausende Kinder retten kann.

Ihre Arbeit führte zu zwei Gesetzesbeschlüssen, von denen einer die Gründung des „Staatlichen Zentrums vermisster und misshandelter Kinder“ bewirkte, deren kostenlose Nummer heute in ganz Amerika bekannt ist. Sie gründeten außerdem das gemeinnützige Adam Walsh Child Ressource Center, welches sich ganz den Gesetzesreformen widmet. Schließlich wurde John Moderator der beliebtesten Fernsehsendung zur Verbrechensbekämpfung der Vereinigten Staaten.

Die Tragödie der Walsh Familie führte außerdem zu dem Adam-Code-Programm in vielen großen Warenhäusern. Dieser Adam-Code wird ausgerufen, sobald ein Kind vermisst wird, um unmittelbar eine eventuelle Entführung außerhalb des Hauses zu vereiteln, indem das ganze Personal an Kassen und Monitoren verständigt wird.

John erhielt zahlreiche Auszeichnungen und wurde von drei Präsidenten für seine außergewöhnlichen Bemühungen um vermisste und misshandelte Kinder geehrt. „Es ist nicht leicht, sein eigenes Kind zu begraben", erzählte er einmal einem Reporter der Zeitschrift *People*. „Kinder sind unser Vermächtnis. Doch hätte ich nie all die Dinge, wie z. B. das Gesetz für vermisste Kinder, durch das das FBI in solchen Fällen sofort eingeschaltet wird, durchgefochten, wenn es nicht für Adam und meine Liebe für ihn gewesen wäre."[28]

Sind wir auch nicht alle mit ebenso tragischen Ereignissen wie dem Tod Adams konfrontiert, so kennen wir dennoch alle aufreibende Umstände. Werden wir wütend oder sind wir schon in der Lage, den versteckten Segen, die geheime Lektion dahinter zu entdecken?

Der taoistische Philosoph Lieh Tze veranschaulicht diesen Punkt durch die Geschichte eines armen Alten, der mit seinem Sohn lebt. Als eines Tages ihr einziges Pferd verschwand und die Nachbarn sich einfanden, um ihm zu sagen, wie Leid ihnen das täte, erwiderte er nur: „Warum meint Ihr, dass das ein Problem ist?“ Nach einigen Tagen kam das Pferd mit einer Horde wilder Pferde wieder zurück. Als die Nachbarn dem Alten für den unerwarteten Zuwachs seines Besitzes gratulierten, antwortete er nur lakonisch: „Warum glaubt Ihr, dass das Glück ist?“

Beim Zureiten der Wildpferde jedoch brach sich sein Sohn den Fuß. Abermals versammelten sich die Nachbarn, um ihm ihr Beileid kundzutun und wieder fragte der Alte lediglich: „Warum meint Ihr, dass das ein Unglück sei?“ Kurz darauf brach Krieg aus, doch wurde der Sohn wegen seines gebrochenen Fußes vom Kriegsdienst befreit. Bei jeder dieser scheinbar negativen Wenden, hätte der alte Mann wütend die Faust zum Himmel zeigen können, doch ergab er sich in sein Schicksal und wartete, bis der versteckte Segen sich offenbarte.

PERSPEKTIVEN DES HERZENS

- **Denken Sie an eine schwierige Situation in Ihrem Leben.** Blicken Sie tief in Ihr Inneres, um festzustellen, ob Sie keinen Groll mehr hegen. Können Sie einen versteckten Segen oder eine verborgene Lehre darin entdecken? Wie könnten Sie Ihren Verlust zu etwas Positivem wandeln, das anderen helfen könnte?

Sich einer Höheren Liebe anvertrauen

Liebe, als wärst du nie verletzt worden.
Tanze, als sähe niemand zu.
– Satchel Paige –

Irgendwann fühlten wir uns alle schon wie Charlie Brown, der sagt: „Nichts verdirbt den Geschmack von Erdnussbutter mehr als unerwiderte Liebe.“ Vielleicht schlug eine Freundschaft oder Beziehung fehl und wir fühlen uns verlassen und verstoßen. Oder wir lieben einen Menschen, nur um schließlich festzustellen, dass er ganz und gar nicht unseren Vorstellungen entspricht. Manchmal sind Leid und Schuldgefühle unerträglich. Wofür gaben wir so viel unseres Herzens?

Manchmal liegt die Antwort im Leid selbst. „Euer Schmerz“, schreibt Kahlil Gibran, „zerbricht die Schale, die euer Verstehen einschließt.“ Leiden wir, weil unsere Liebe zurückgewiesen wurde, so können wir Gott darum bitten, unsere Seelenwunden zu heilen und den einst geliebten Menschen zu segnen, damit beide zu ihrem wahren Ich finden können. Wir sollten Gott aber vor allem darum bitten, uns klarzumachen, *warum* wir leiden.

Vielleicht leiden wir, weil wir unrealistische Erwartungen hegten, weil wir hofften, mehr für unsere Liebe zurückzubekommen oder glaubten, andere könnten die Lücken in unserem Selbstbewusstsein füllen. Solche Lücken können wir jedoch nur selbst füllen, indem wir uns selbst lieben und uns um uns sorgen. Vielleicht stützten wir uns eher auf den anderen, statt nach seiner spirituellen Essenz zu suchen. Was auch immer der Grund unseres Leides sein mag, wir können aus ihm lernen, wenn wir genau hinhören.

Liebe ist nie verloren. Wird sie nicht erwidert, so kommt sie zurück, erweicht und reinigt das Herz. – Washington Irving

Wir dürfen nie vergessen, dass Liebe nie verschwendet ist. „Es gibt keine unerwiderte Liebe“, schreibt auch Walt Whitman. „Wir bekommen sie auf irgendeine Weise immer wieder zurück.“ Ganz gleich, welche Umstände unsere Liebe bewirkt, sie ist nie fehl am Platz, da jeder Augenblick der Liebe uns der Höheren Liebe näher bringt, nach der unsere Seele strebt. In unserem tiefsten Inneren sehnen wir uns danach, uns wieder mit unseren „göttlichen Liebhabern“ zu vereinigen: Gott und unsere „Zwillingsflamme“. Eine solche Zwillingsseele ist unsere „andere Hälfte“ oder, mit den Worten Platos, unser Urpartner, der am Anfang mit uns geschaffen wurde.[29] Oft wurden solche Seelen voneinander weggelockt und auf andere Wege geschickt, auf denen jede Seite sich in Umstände verstrickt hat, durch die sie negatives Karma mit anderen auf sich geladen hat. In vielen Fällen müssen wir erst diese karmische Schuld mit unseren Mitmenschen begleichen, bevor wir wieder zu unserer Zwillingsseele finden. Doch nur die Liebe kann uns aus diesen karmischen Verstrickungen befreien.

Demnach trägt jedes gespendete Stückchen Liebe nicht nur zur Tilgung unseres negativen Karmas bei, sondern bringt uns zugleich Gott und unserer Zwillingsflamme näher. Die Erkenntnis, dass die Liebe viel alte Schuld wieder ins Lot bringen kann, lässt uns nun auch viele Beziehungen und Umstände verstehen, aus denen wir nicht nur lernen sollen, sondern die uns zugleich Gelegenheit dazu bieten, mehr Liebe zu schenken – ohne dass diese dazu unbedingt erwidert werden muss.

Wir können unsere Liebesinitiation aber auch aus der Perspektive des Bhakti-Yoga betrachten. Im Hinduismus ist Bhakti eine der vier Formen des Yoga (der Pfade zur Vereinigung mit Gott). Dieses Yoga der göttlichen Liebe kann auf verschiedene Weisen praktiziert werden. Doch in seiner Essenz ist es eine Form der Verehrung, die Gott über alles stellt und zum Herzen Gottes führt.

Jedes Mal, wenn wir anderen unsere Liebe zuteil werden lassen, schießt unser Herz einen Liebespfeil an Gott. Bei jedem Dienst an einem Mitmenschen – ob dies nun ein verirrtes Kind, ein mürrischer Mitarbeiter oder die verrückte, alte Frau aus dem Nachbarhaus ist – dienen wir dem Teil Gottes, der in diesen Menschen steckt. Schließlich überlassen wir uns auch hier der Höheren Liebe.

Wenn wir uns darin üben, über die äußere Persönlichkeit der Menschen hinwegzublicken, denen wir in unserem Leben helfen, so wird uns bald klar, dass jeder unserer Liebesdienste an anderen Menschen eigentlich ein Abbild unserer Gottesliebe ist.

Denn wen, außer Gott, lieben wir seit dem Anfang und bis ans Ende der Welt? Aber nicht nur das: Wenn wir lieben, so liebt Gott durch uns.

Jeder von uns trägt eine Maske der Persönlichkeit, hinter der die lebendige Gegenwart des Geistes steckt. Gott verbirgt sich in so vielen Formen, dass wir unendlich viele Gelegenheiten haben, ihm unsere Liebe zurückzuerstatten, indem wir diesen verschiedenen Offenbarungen und Verstofflichungen des Geistes unsere Liebe zuteil werden lassen. Dazu müssen diese Offenbarungen keineswegs perfekt sein, und doch werden wir bei genauerem Hinsehen feststellen, dass der Herr der Liebe ihnen innewohnt. In Wirklichkeit kommt alle Liebe von einer einzigen Quelle. Wir können uns glücklich schätzen, dass so viele Menschen in unserem Leben als wunderbare Werkzeuge dieser göttlichen Liebe auserkoren wurden.

Liebe die Menschen, mit denen das Schicksal dich zusammenbringt. Aber liebe sie mit deinem ganzen Herzen. – Marcus Aurelius

Leiden wir also unter großem Herzschmerz und fragen uns, wozu wir nun so viel Liebe investiert haben, so sollten wir uns viel eher eine andere Frage stellen: *Wen oder was habe ich hier wirklich geliebt?*

Gestatten wir uns eine reiflich überlegte Antwort, so wird sie wahrscheinlich lauten: *Die ganze Zeit über habe ich nichts anderes geliebt, als den Geist, der in diesem Menschen steckt.* Die Schönheit und Intensität wirklicher Liebe kümmert sich wenig um Äußerlichkeiten, sondern vielmehr um die Seele und spirituelle Essenz des anderen. Diese Liebe aber ist nie vergeudet. Sie ist die Liebe Gottes. In ihren Memoiren schreibt Gustav Mahlers Gattin Alma Maria von der tiefen, inneren Liebe, die sie füreinander empfanden: „Eigentlich waren wir aufeinander eifersüchtig, ohne uns dies jedoch wirklich einzugestehen. Oft sagte er zu mir: ‚Wärst Du plötzlich durch irgendeine Krankheit wie z. B. die Pocken entstellt und würdest niemand anderem mehr gefallen, dann könnte ich dir wenigstens zeigen, wie sehr ich dich liebe.“[30]

PERSPEKTIVEN DES HERZENS

- **Überdenken Sie Ihre Beziehungen** zu anderen – Familienmitgliedern, Freunden, Partnern und

Mitarbeitern. Erinnern Sie sich an einen Moment, als eine „Schuld“ durch Liebe beglichen wurde und wie beide Seiten, befreit durch diesen Liebesdienst, sich plötzlich wieder weiterentwickeln konnten.

- **Sehen Sie jenseits des Schmerzes.** Sind Sie mit Zurückweisung oder der Trauer um eine scheinbar verlorene Liebe konfrontiert, so stellen Sie sich die Frage: Wie habe ich geliebt? Wen oder was habe ich wirklich geliebt? Welche Nachricht soll mir hierdurch zuteil werden? Welche überholte Schale begrenzten Verständnisses versucht dieser Schmerz zu sprengen? Welche neuen Erkenntnisse sollen mir hier offenbart werden?
- **Lieben Sie das Höchste.** Versuchen Sie zu erkennen, dass Sie durch den Liebesdienst an Ihren Mitmenschen in Wirklichkeit dem göttlichen Geist dienen, der in ihnen steckt. So senden auch Sie Ihre Pfeile der Liebe an Gott.

Klärung des Herzens

Sind alle Knoten des Herzens gelöst,
so wird der sterbliche Mensch sogar in dieser
irdischen Existenz unsterblich.
– Katha Upanischad –

Viele Menschen glauben, dass die Neigungen des Herzens immer richtig sind, und folgen ihnen bedingungslos. Doch kann das Herz ebenso umnebelt sein wie unser Geist. Das ist besonders dann der Fall, wenn alte Seelenwunden nicht verheilt oder verziehen sind.

So kann das natürliche Verlangen des Herzens, sich zu öffnen und mit anderen zu teilen, durch Angst vor Zurückweisung verdeckt sein. Schmerzliche Erinnerungen der Vergangenheit können uns eher vorsichtig und defensiv als mitfühlend und unterstützend werden lassen. Sind wir mit Problemen konfrontiert, die wir lieber meiden würden, ist es nur allzu leicht, sich in seine Bequemlichkeitszone hinter den Burgmauern zurückzuziehen. Und schon wird die Ziehbrücke hochgezogen!

Doch gibt es auch eine andere Möglichkeit. Neben den Techniken des Verzeihens und der Selbsttranszendenz, die wir in den vorhergehenden Kapiteln vorgestellt haben, gibt es noch eine weitere, höchst wirksame Methode, das Herz zu heilen: die Klärung des Herzens.

Vom göttlichen Geist fließt ein kristallklarer Fluss über unser Höheres Ich zum Herzen. Dies ist wie ein Energietransfer von oben nach unten. Dieser Fluss geschieht so schnell, dass er als spirituelle Flamme in unserem Herzen anlangt, es schlagen lässt und den Fluss des Lebens in unserem Körper aufrechterhält. Dieser Energiestrom ist eine natürliche Quelle reiner, kreativer Liebe.

In jedem Augenblick unseres Lebens können wir darüber entscheiden, was wir mit dieser Energie tun. Welche einzigartige Vibration werden wir ihr verleihen? Soll diese Energie als Liebe oder Kritik, als Frieden oder Zorn, als Großzügigkeit oder Selbstsucht zum Ausdruck kommen?

Haben wir uns dazu entschlossen, diese Energie, die durch unser Herz fließt, als Liebe auszustrahlen, so wird sie schließlich auch als Segen der Liebe zu uns zurückkommen. Schicken wir Zorn, Groll oder Kritik in die Welt, so kommt auch diese dissonante Energie durch das Gesetz des ewigen Kreislaufs wieder zu uns zurück. Irgendwann und irgendwo ernten wir alles, was wir einmal gesät haben.

Kommt der Strom der negativen Energien, den wir einmal in Gang gesetzt haben, wieder zu uns zurück, so haben wir erneut die Möglichkeit dazu, seine Natur zu verändern und ihn positiv werden zu lassen. Das Gesetz der Energien besagt, dass Energie weder geschaffen noch zerstört werden kann. Doch kann sie sich wandeln und feiner werden. Begegnen wir Hass mit Hass, Zorn mit Zorn und Angst mit Angst, so bleiben wir ewig in einem Teufelskreis gefangen. Reagieren wir jedoch mit Liebe auf Hass, Zorn und Furcht, so öffnet sich der Kreis zu einer Spirale, in der alle Beteiligten weiterkommen. Buddha sprach: „Hass wird nie durch Hass beendet, sondern nur durch Liebe geheilt werden."

Wer von uns hat noch nie die Energien des Herzens missbraucht? Vielleicht waren wir ja auch nur unfreundlich, kritisch oder knauserig. Auf der

Ebene der Energien erzeugen jedoch alle negativen Gedanken, Gefühle und Handlungen eine zähe Substanz um unser Herz. In besonders ernsten Fällen von Zorn, Hass, Unversöhnlichkeit oder Selbstsucht sammelt sich so viel negative Energie um das Herz an, dass es hart wie Stein wird. Eine solche Verhärtung kann das Licht der Liebe daran hindern, zum Herzen vorzudringen oder aus ihm herauszukommen. Diese negativen Energien bleiben Teil unseres Bewusstseins, bis wir sie durch Liebe umgewandelt haben.

Ganz so, wie wir uns unter der Dusche oder im Bad den Schmutz des Alltags abwaschen, können wir auch unser Herz in einem täglichen Ritual von all den Überresten reinigen, die unsere spirituelle Vision umnebeln und unseren Lebenshorizont verschleiern. Jede spirituelle Tradition hat dazu ihre eigenen Reinigungsrituale. Die meisten sind heilige Gebets- oder Meditationsformeln, die

Ein verstaubter Spiegel kann kein Bild wiedergeben …
Dasselbe gilt für alle Lebewesen. Ist ihr Verstand nicht unbefleckt, kann sich auch [Gott der Allmächtige] nicht in ihnen offenbaren. – Das Erwachen des Glaubens

das Licht des Heiligen Geistes anrufen, um das Herz zu reinigen. Manchmal wird diese starke Energie des Heiligen Geistes als violettes Licht visualisiert, das als die violette Flamme bezeichnet wird.

Ebenso wie ein Strahl der Sonne, wenn er durch ein Prisma hindurchgeht, in die sieben Farben des Regenbogens aufgefächert wird, offenbart sich das spirituelle Licht in sieben Strahlen oder Flammen. Wenn wir diese spirituellen Strahlen in unseren Gebeten und Meditationen anrufen, erzeugt jede davon eine ganz bestimmte Aktion in unserem Körper, unserer Seele und unserem Geist. So ist die violette Flamme die Farbe und Frequenz des spirituellen Lichts, das Gnade, Verzeihung und Wandel stimuliert.

Vor einigen Jahrhunderten bezeichneten die Alchemisten diesen Wandel zu höheren Energien als Transmutation, als sie versuchten, auf der stofflichen Ebene niedere Metalle zu Gold umzuwandeln, auf der spirituellen Ebene hingegen ihren Geist so zu wandeln, dass er am Ende das ewige Leben erlangte. Genau dies ist die Macht der violetten Flamme. Diese spirituelle „Hochschwingungsenergie“ trennt die groben Elemente unseres Karmas vom Gold unseres wahren Wesens, welches sie der Verwirklichung unserer höchsten Möglichkeiten zur Verfügung stellt.

Heiler, Alchemisten und Meister haben sich der spirituellen Energien dieser hohen Frequenzen bedient, um energetisches Gleichgewicht und spirituellen Wandel zu bewirken. Edgar Cayce, der bekannte Seher des 20. Jahrhunderts erkannte ebenso die große Heilkraft des violetten Lichts. Auch der Autor Dannion Brinkley schreibt in seinen drei Nahtoderfahrungen von der Erfahrung des violetten Feuers:

„Die violette Flamme ist der reinste Ort der Liebe. Sie verleiht uns wirkliche Kraft. Dieses violette Licht dient dem spirituellen Erbe, das allen Dingen Respekt und Würde zollt. Es ermöglicht eine tiefe Beziehung zu anderen. … Seine wahre Größe liegt jedoch wohl darin, nicht Hitze, sondern Liebe zu erzeugen.“[31]

Warum ist die violette Flamme ein so mächtiges Werkzeug? In der stofflichen Welt weist das violette Licht die höchste Frequenz des sichtbaren Spektrums auf. Im *Tao der Physik* erklärt Fritjof

Capra, dass „violettes Licht wegen seiner hohen Frequenz und kurzen Wellenlänge aus sehr energiereichen und stark beschleunigten Photonen besteht".[32] Von allen spirituellen Flammen ist die violette am besten dazu in der Lage, Materie zu durchdringen und auf atomarer und subatomarer Ebene umzuwandeln.

Affirmationen und Gebete, die das violette Licht des Heiligen Geistes hervorrufen, können andere spirituelle Übungen sehr wirksam ergänzen, um unerwünschte Verhaltensweisen, inneren Schmerz oder negatives Karma zu überwinden und unser Leben ins Gleichgewicht zu bringen. Sie bringen uns in Einklang mit unserer Innenwelt, was uns kreativer und feinfühliger werden lässt, und halten die Pforten des Herzens auch nach schmerzvollen Erfahrungen offen.

Vor kurzem erzählte uns Beth von den unerwarteten Auswirkungen, die die erste Affirmation am Ende dieses Kapitels auf ihr Leben hatte. Sie hatte sie bewusst gewählt, um die angeschlagene Beziehung zu ihrer Mutter zu heilen. So rezitierte sie diese Affirmation auch mehrmals auf der Fahrt zum Haus ihrer Mutter.

Sie erzählt: „Meine Gebete wurden auf wundersame Weise erhört. Meine Mutter und ich saßen drei Stunden zusammen und redeten wie noch nie. Wir wurden eine Menge altes Zeug los, indem wir beide von unseren verletzten Gefühlen sprachen, ohne uns dabei aufzuregen. Obwohl wir nach wie vor verschiedene Ansichten zu bestimmten Dingen haben, haben wir gelernt, uns gegenseitig zu respektieren und nicht mehr zuzulassen, dass verletzte Gefühle unsere Beziehung sabotieren."

Tausende Menschen arbeiten erfolgreich mit der violetten Flamme. Jeder tut das auf seine eigene Weise, und die ersten Erfolge können sich schon nach einem Tag oder auch erst nach ein paar Monaten einstellen. Auch hier wird Ausdauer belohnt.

Ich empfehle immer, dass diejenigen, die mit der violetten Flamme noch nicht vertraut sind, mindestens einen Monat lang täglich eine Viertelstunde mit den Gebeten und Affirmationen an die violette Flamme experimentieren. Schon bald werden Sie den Unterschied fühlen und positive Veränderungen in Ihrem Leben bemerken. Diese Affirmationen können Teil unseres täglichen Gebetsrituals sein oder auch unter der Dusche, im Auto, beim Joggen oder Einkaufen gebetet werden.

PERSPEKTIVEN DES HERZENS

- **Klären Sie Ihr Herz mit Gebeten, Affirmationen und Visualisierungen.** Die folgenden Affirmationen haben vielen Menschen geholfen, sich mit der Liebe in Einklang zu bringen und ihr Herz zu klären. Werden sie regelmäßig gebetet, erzeugen sie ein spirituelles Klima, welches uns anderen und uns selbst gegenüber offener, sensibler und mitfühlender werden lässt.
  Durch diese Affirmationen rufen wir die Alchemie der violetten Flamme an, schmerzhafte Erinnerungen der Vergangenheit zu klären oder unser Unterbewusstsein von Urteilen und Vorurteilen freizumachen, die wir von anderen übernommen haben. So kommen wir unserem wahren Ich näher. Viele dieser Affirmationen bedienen sich (des Schlüssels) des Namens Gottes „ICH BIN", um den Zugang zur spirituellen Kraft herzustellen. Dieses „ICH BIN" steht nicht nur für den Namen Jahwes („ICH BIN, DER ICH BIN"), der Moses im

brennenden Dornbusch offenbart wurde, sondern bedeutet zugleich: Wie im Himmel, so auf Erden. Die Kraft Gottes durchdringt mich hier und jetzt. So sagen wir in Wirklichkeit nicht nur „Ich bin…“, sondern „Gott in mir ist…“.
Diese Affirmationen zur Klärung des Herzens sind leicht zu merken. Sie können sie täglich im Zuge Ihrer spirituellen Übungen oder aber, wenn Sie mit Problemen konfrontiert oder schweren Herzens sind, laut aufsagen. Visualisieren Sie, wie violette Flammen Ihr Herz erweichen, alle Härten schmelzen, Zorn zu Mitgefühl, Verbitterung zu Liebenswürdigkeit und Angst zu Frieden werden lassen. Sie können die Affirmationen wiederholen, sooft Sie wollen, bis Sie fühlen, dass Ihr Herz auf die heilende Kraft der Liebe antwortet.

Affirmationen zur Klärung des Herzens

ICH BIN das violette Feuer, das mein Herz erhellt.
ICH BIN die Reinheit, die Gott gefällt.

Mein Herz ist ein Chakra[33] *violetten Lichts.*
Mein Herz ist die Reinheit, die Gott sich wünscht.

Violettes Feuer, du göttliche Liebe
Scheine in diesem Herzen mein!
Du bist Gnade, für immer wahr,
Halt' mich in Einklang mit dir immerdar.

4

Wache des Herzens

In der schnellebigen Welt von heute stehen wir oft unter dem Druck äußerer und innerer Einflüsse, die die harmonischen und friedlichen Rhythmen unseres Herzens stören können. Für unsere spirituelle Arbeit ist es erforderlich, dass wir unser Herz gegen solche Eindringlinge abschirmen, die unser Leben aus dem Lot des Herzens bringen. Wollen wir in Einklang mit unserem Herzen leben, so müssen wir lernen, unseren Lebensrhythmus dem natürlichen Rhythmus unseres Herzens anzupassen.

4. Wache des Herzens

Wache im Herzen halten

Das kleinste Geräusch ist von Bedeutung.
Der Rhythmus des kleinsten Augenblicks ist von Bedeutung.
Du kannst tun, was dir beliebt, doch wisse,
dass alles von Bedeutung ist.

– Wallace Stevens –

Der Meister Djwal Kul erzählt uns eine wunderbare Geschichte von einer holländischen Küstenstadt, deren Einwohner glücklicher und weiser waren als anderswo. Niemand wusste warum, doch sagt Djwal Kul, dies sei dem sanftmütigen Müller und seiner Frau zu verdanken, die so viel Liebe in ihre Arbeit steckten. Die Stadtbewohner trugen diese Liebe in ihren Mehlsäcken nach Hause und buken sie in ihr Brot.

Bei jeder Mahlzeit strahlte die sich ständig wiedererneuernde Liebeskraft der Müllersleute über den Tisch auf ihre Mitbewohner aus und gelangte in ihre Körper, als sie von dem Brot aßen.

Djwal Kul schreibt: „Diese pulsierende Liebe des Müllers und seiner Frau wurde wie radioaktive Strahlung in der ganzen Gemeinde verteilt." Ebenso wie diese mit göttlich liebenden Händen zubereiteten Nahrungsmittel können auch unsere Taten der Liebe Glück und Schönheit der Weltgemeinde vergrößern.

Unser Herz verfügt über große Heilkräfte. Es wird immer wieder Momente in unserem Leben geben, in denen andere einer direkten Liebesinfusion unseres Herzens bedürfen. Wir können zwar alle zu Werkzeugen des Heilens werden, sind dies aber nicht von alleine. Wir müssen unser Herz ständig öffnen, um ein Behältnis heilenden Lichts zu werden, das diese Liebe anderen auf Abruf zuteil werden lassen kann. Dazu müssen wir unser Herz jedoch zugleich von negativen Energien abzuschirmen wissen.

Wir gefährden unsere Heilfähigkeiten, wenn wir das göttliche Licht nicht in unserem Herzen wahren können und zulassen, dass es durch Zorn, Ärger, Stolz, Intoleranz, Selbstsucht, Kritik usw. verdunkelt wird. Gott vertraut uns gerne mehr Licht an, doch müssen wir uns diesen Machtzuwachs redlich verdienen. Mit anderen Worten, wird uns die kosmische Bank nicht mehr Energie leihen, als wir wohlüberlegt einzusetzen imstande sind.

Die ungestümen Eindringlinge, die Aufruhr in unserem Herzen verursachen, sind, wenn wir nicht auf der Hut sind, schließlich auch dafür verantwortlich, dass wir früher gewonnenes Terrain wieder abgeben müssen. „Wie viel schmerzlicher sind doch die Folgen des Zorns als seine Ursachen", schrieb Marcus Aurelius in seinen *Meditationen.* Shantideva, ein weiser buddhistischer Mönch aus dem achten Jahrhundert, formulierte diesen Gedanken so: „All meine über Tausende Äonen angehäuften tugendhaften Taten, Verehrungen der Buddhas, Großzügigkeiten usw., sind in einem einzigen Augenblick des Zorns verloren. Es gibt keine schlimmere Sünde als Hass und keine wirkungsvollere Strafe als Toleranz. ... Mein Geist wird keinen Frieden erfahren, solange er schmerzhafte Gedanken des Hasses beherbergt."[34]

Der Heilige Symeon, byzantinischer Mönch und Mystiker des 10. Jahrhunderts, bezeichnete die Wache des Herzens als eine der Hauptaufgaben der spirituellen Suche. Wir müssen, so schreibt er, ständig

„in unserem Herzen patrouillieren“. Um seine Ausführungen zu belegen, zitiert Symeon die Antwort Jesu an die Schriftgelehrten und Pharisäer, die seine Jünger anklagen, gegen die Gesetze zu verstoßen, weil sie Brot äßen, ohne sich vorher die Hände zu waschen.

Wer nicht mit vorschnellem Zorn reagiert, ist besser als der Mächtige; und wer über seinen Geist herrscht, überragt den, der eine Stadt einnimmt. – Sprichworte

Jesus versucht, ihnen klarzumachen, dass nicht unsere äußeren Taten wie Rituale oder unser Auftreten uns heilig machen, sondern was in unserem Herzen vorgeht. „Nicht das, was durch den Mund in den Menschen hineinkommt, macht ihn unrein, sondern das, was aus dem Mund eines Menschen herauskommt, das macht ihn unrein.“ Denn alles, was aus ihm hervorgeht, stammt eigentlich aus unserem Herzen. Mit anderen Worten, die Verfassung unseres Herzens färbt unsere Worte und Aktionen, was im Extremfall sogar zu Mord, Ehebruch, Diebstahl, Meineid und Blasphemie führen kann.

Deshalb erachtete der Heilige Symeon diesen Schirm des Herzens für so wichtig, dass die Heiligen Väter „alle anderen Formen spiritueller Arbeit dieser Aufgabe der Herzenswache hintanstellten, weil sie davon überzeugt waren, dass sie dadurch alle anderen Tugenden erreichen würden".[35]

Eine besonders subtile Gefahr für das Herz ist die Reizbarkeit, die ebenso zersetzende Auswirkungen haben kann wie der Zorn. In den Agni Yoga Büchern beschreibt der Meister El Morya das Gift der Reizbarkeit als große Gefahr.

Pläne und Beziehungen können durch sie scheitern. Sie kann infizieren, schwächen und schließlich zerstören, wenn wir die Ausbreitung dieses Virus nicht unterbinden, indem wir ihm absolute Harmonie entgegensetzen. Lassen wir uns in den Kettenreaktionen der Reizbarkeit verfangen, anstatt unser Herz davon abzuschirmen, übernehmen wir sie nicht nur, sondern verleihen ihr noch zusätzlich unsere eigene Energie. Wir werden zum Träger dieser ansteckenden Krankheit.

Doch was ist das Gegengift gegen die Reizbarkeit? El Morya sagt: „Wir legen all unsere Zuversicht in die Kraft der Geduld. Die Intensität der Geduld schafft ein Mittel, welches diese Gefahr wie ein Gegengift zunichte macht."[36] Geduld ist eine mächtige Form der Liebe.

Einer meiner spirituellen Lehrer sagte einmal zu mir: „Es ist nicht genug, für die Wahrheit aufzustehen. Es ist auch nicht genug, sich für die richtigen Ideale einzusetzen. Du musst all das mit vollendeter Liebe und vollendetem Herzen tun. Du darfst keinerlei Hass oder nachtragende Gefühle mit dir tragen, da sie automatisch weitere Dunkelheit anziehen." Je stärker die Gegenkräfte der Liebe agieren, desto mehr müssen wir lieben.

Dasselbe sagte auch Tony seinem Sohn, der ihn um Rat fragte, wie er seinen Kindern Disziplin beibringen sollte, da er das Gefühl hatte, etwas falsch zu machen. Tony hatte seit der Erziehung seines Sohnes selbst viel durchgemacht. Heute sind tägliche Herzmeditationen Bestandteil seiner spirituellen Praxis, und er hat erkannt, wie wichtig es ist, seine innere Mitte nicht zu verlieren. Als sein Sohn Rat suchend zu ihm kam, war er froh, mit ihm teilen zu können, was er in all den Jahren gelernt hatte.

Tony schenkte seinem Sohn die Ehrlichkeit und Hilfe, die jener benötigte. Er erklärte ihm, dass seine eigene Erziehung nicht unbedingt die beste war. Deshalb riet er ihm: „Die einzig wahre

Erziehungsmethode ist die Liebe. Mag der Ausdruck dieser Liebe manchmal auch bestimmt sein, so kommt sie doch immer aus der Mitte des Herzens. Tu nie etwas aus Zorn. Merkst du, dass Wut in deinem Inneren kocht, dann sieh am besten in den Spiegel. Wahrscheinlich bist du gerade auf dich selbst böse."

Des Weiteren erklärte er seinem Sohn, dass eine Kindererziehung aus Liebe viele Probleme schon im Keim ersticke. „Bist du gereizt, dann schöpfe aus deinem Liebesspeicher. Willst du trotzdem eine Sache ausdiskutieren, so tu das in Liebe. Im Zorn hört niemand auch nur das Geringste."

Tony hat Recht: Liebeszersetzenden Kräften kann nur durch zusätzliche Liebe begegnet werden. Verströmen wir Sturmfluten der Liebe, so wird die andere Seite diesen Wogen des Lichts, die durch unser Herz fließen, nicht widerstehen können.

PERSPEKTIVEN DES HERZENS

- **Beruhigen Sie sich und zählen Sie langsam bis neun.** Wir alle sind mit Situationen konfrontiert, in denen unsere Geduld und unser inneres

Gleichgewicht auf die Probe gestellt werden. „Die beste Heilung für Zorn", schreibt Seneca, „ist Verzögerung." Stecken Sie in einer Besprechung, in der der Ton gereizt wird, dann schlagen Sie am besten eine Viertelstunde Pause vor.

Beruhigen Sie sich mit einem Glas Wasser, einer Brise frischer Luft und ein paar tiefen Atemzügen. Beschließen Sie, sich durch nichts und niemanden aus Ihrer inneren Mitte bringen zu lassen. Sagen Sie drei Mal laut und bestimmt, aber mit Liebe: „Nichts wird mich aus der Ruhe und Liebe meines Herzens bringen." Nach diesem Entschluss können Sie den weiteren Verlauf ruhig Gottes Fügung überlassen.

Um streunende Emotionen und Wogen negativer Energien zu bändigen, die uns gelegentlich überkommen, kann auch das folgende Gebet als Sicherheitsventil dienen. Sagen Sie es laut und mit Begeisterung und der Überzeugung, dass Ihr Höheres Ich Ihre Energien, die konkrete Situation, ja Ihr ganzes Leben im Griff hat.

Ich zähle bis Neun

Göttliche Liebe, ach komm zu mir,
Bewache meine Seele hier,
Mache meine Welt der deinen gleich,
Gottes Lichter strahlen um mich reich.

Ich zähle eins, das ist getan,
Oh Gefühlswelt halte stille.
Zwei und drei, ICH BIN frei,
Um zu erfüllen Gottes Willen.

Ich zähle vier und verehre hier
meine göttliche Präsenz.
Fünf und sechs, Oh Gott nun führ,
meinen Blick auf deine Herrlichkeit zurück.

Ich zähle sieben, oh Himmel komm herab,
um meine Energie zu fassen.
Acht und neun, vollständig dein
Wirst du meinen Geist entfalten lassen.

Das weiße Licht des Feuers umringt mich jetzt,
Und alle Wogen sind geglättet.
Mit Gottes eigener Kraft, die um mich glänzt,
bin in schützende Liebe ich gebettet.

Ich akzeptiere dies Hier und Jetzt mit ganzer Kraft. ICH BIN, dies soll gleich jetzt mit voller Kraft geschehen. ICH BIN, ICH BIN, ICH BIN Gottes Leben, das immer und überall in Vollendung zum Ausdruck kommt. Was ich hier für mich erbitte, erbitte ich zugleich für alle Männer, Frauen und Kinder dieser Erde.

Spiritueller Schutz

Legen wir die Rüstung des Lichts an.

– Apostel Paul –

Heutzutage wird wieder viel von der Beziehung zwischen Körper und Geist und der Bedeutung des positiven Denkens gesprochen. Auch die Forschung hat inzwischen belegt, dass unsere Gefühle und Gedanken einen beträchtlichen Einfluss auf unsere Leistungen und unsere Gesundheit haben. Wo eine positive Haltung wahre Wunder bewirken kann, da können negative Einstellungen vieles untergraben.

Gefühle wie Angst, Zorn, Neid, Selbstzweifel, Enttäuschung, Habgier und Ähnliches sind den ursprünglichen Rhythmen des Herzens fremd. Solche aggressiven Schwingungen können uns überrollen wie ein D-Zug voller Emotionen. Sie können Unfälle, Kopfschmerzen, Reizbarkeit, plötzliche Angstzustände und Wutanfälle verursachen.

Diese der Liebe gegenläufigen Energien können unsere Familie und unser ganzes Leben zerstören.

Tauchen solche Energien plötzlich wie aus dem Nichts in oder um uns herum auf, so neigen wir meist dazu, die Schuld auf andere oder uns selbst zu schieben. Sie sollten aber vielmehr als Zeichen dafür erkannt werden, dass eine Arbeit in unserem Inneren verrichtet werden sollte, um wieder zurück ins Zentrum unseres Herzens zu gelangen. Es kann sich aber auch um Warnungen handeln, die uns zu verstehen geben wollen, dass es an der Zeit ist, für unsere Liebe einzustehen. Denn dort, wo Liebe auf Liebe trifft, entsteht zugleich eine starke Opposition zur Offenbarung dieser Liebe.

Jede Handlung hat ihr Gegenstück. Entschließen wir uns, mehr Liebe zu verkörpern, werden die gegenläufigen Kräfte nicht lange auf sich warten lassen. Vor jeder neuen Etappe auf unserer Spirale der Liebe werden wir neuen Herausforderungen solcher Oppositionskräfte begegnen. Dies ist wohl auch der wahre Kern des englischen Sprichworts: „Keine gute Tat bleibt ungestraft.“ So kann es durchaus Menschen geben, die versuchen werden, eine wirklich auf Liebe basierende Beziehung aus Eifersucht zu zerstören.

Auch die Kräfte des menschlichen Egos, die mit Neid, Hass oder Zorn auf Liebe reagieren, versuchen, uns hierbei aus dem Gleichgewicht zu bringen und uns für sich zu gewinnen.

Die flämische Mystikerin Hedwig von Antwerpen schrieb hierzu: „Mein Kummer ist groß und den Menschen unbekannt. Sie sind grausam zu mir, da sie mich von allen Taten abbringen wollen, zu denen die Liebe mich drängt. Sie verstehen es nicht, und ich kann es ihnen nicht erklären. So bleibt mir nichts anderes übrig, als so zu leben wie ich bin. Mein Wesen jedoch ist das, was die Liebe meinem Geiste rät."[37] Alle Heiligen und Meister waren sich des Umstands bewusst, dass es großer Standhaftigkeit bedarf, um all diesen gegenläufigen Kräften nicht nachzugeben und so die Flamme der Liebe in unserem Herzen zu ersticken.

Deshalb kann es durchaus angebracht sein, einen Schutzschild um unser Herz zu legen, wenn wir an der friedlichen Lösung einer Situation arbeiten. Denn das Herz ist ja schließlich auch das Sonnenzentrum unseres Wesens, von dem alle Befehle an unsere inneren Kräfte ausgehen. So können wir unsere innere Mitte auch dann wahren, wenn unser Ego uns vom Pfad der Liebe zu bringen versucht.

Die buddhistische Tradition erzählt von der Meditation Gautama Buddhas unter dem Bo-Baum. Alle höllischen Kräfte versuchten, ihn von seinem Ziel der Erleuchtung abzuhalten. Zuerst versuchte der böse Mara, ihn davon zu überzeugen, dass sein Kampf zu hart für ihn war. Er ließ wollüstige Göttinnen und Tänzerinnen vor Gautama auftreten. Als der Erfolg ausblieb, schickte er Buddha Wirbelstürme, sintflutartige Regenströme, brennendes Gestein, kochenden Schlamm, wilde Krieger und Bestien und schließlich die große Finsternis. Zuletzt stellte Mara das Recht Gautamas auf Erleuchtung in Frage.

> Ich verpflichte mich heute dazu,
> mich von Gottes Macht führen zu lassen,
> mich von Gottes Macht schützen zu lassen,
> mich von Gottes Weisheit lehren zu lassen,
> die Welt mit Gottes Augen zu erwägen.
> – St. Patrick

Doch blieb jener unbewegt. Er klopfte auf den Boden und die Erde erbebte: „Ich bin dein Zeuge!“

Die Geste der Hand Buddhas ging später als das Mudra der Erdberührung in die Geschichte ein. Sie steht für die Unverrückbarkeit dessen, der auf seinem Recht beharrt, den spirituellen Pfad zu wandeln, die Flamme der Liebe zu tragen und mit Gott eins zu werden. Um diese Liebe zu ertragen und seine Lebensaufgabe zu erfüllen, musste Gautama zuerst das Recht der Liebe verteidigen.

Auch wir müssen uns für die Liebe einsetzen, wenn wir den Weg des Herzens gehen wollen. Dann werden auch wir zu Kriegern des Friedens, die den gegenläufigen Kräften der Liebe standhalten, die uns von innen und von außen an unserem Lebensziel und unserer besonderen Beziehung zu Gott zu hindern versuchen. Sie werden versuchen, unser Selbstvertrauen zu untergraben, sodass wir das Gefühl haben, nicht wert sein zu lieben oder geliebt zu werden.

Was können wir gegen diese Kräfte unternehmen? Zuerst, so lehren es uns die Meister, dürfen wir nie vergessen, dass nicht die anderen Menschen sich gegen unsere Liebe sperren, sondern die Energien, die durch sie an den Tag treten. So schreibt Shantideva: „Der Zorn ist mein wahrer

Feind, der alles Leid verursacht."[38] Der erste Schritt besteht also darin, die negativen Gefühle, die uns entgegengebracht werden, zu „entpersonalisieren".

Vom zweiten Schritt sprachen wir bereits an früherer Stelle: Die Meister sind sich einig, dass das einzige Mittel gegen den Hass ein Überschuss an Liebe ist. Nur das Licht und Feuer des Herzens kann die Dunkelheit besiegen.

Nur ein Herz voll vom Feuer der Liebe ist in der Lage, dem Ärger eines anderen nicht mit dem automatischen Reflex des Ärgers zu begegnen. Allein ein Herz voller Liebe ist feinfühlig genug zu bemerken, dass Reizbarkeit und Zorn in Wirklichkeit nur ein Schrei nach Liebe sind. Nur ein reifes Herz kann der Härte der anderen mit der Weisheit Shantidevas begegnen, der da sagt: „Möge ich der Arzt und das Heilmittel und der Pfleger aller Kranken dieser Welt sein."[39]

Manchmal müssen wir liebende Grenzen setzen, um unser Herz abzuschirmen. Diese Lektion hat mich selbst lange Jahre gekostet. Ich erinnere mich noch genau an einen Telefonanruf, bei dem mir jemand all seine Frustrationen mitteilte und dabei immer zorniger wurde. Nachdem ich aufgehängt hatte, hatte ich das Gefühl, all diesen Schmerz in meinem Herzen und Körper zu spüren. Es wurde mir mit einem Mal klar, dass das Beste für uns beide wohl gewesen wäre, wenn ich der Person am anderen Ende der Leitung höflich, aber bestimmt meine Grenzen klargemacht hätte.

Auch wenn andere Menschen noch so zornig sind, können wir in unserem Herzen bleiben. Wir können ihnen freundlich klarmachen, dass wir gerne mit ihnen reden, wenn sie sich wieder einigermaßen beruhigt haben, dass ein Gespräch in dieser Verfassung jedoch zu nichts führen werde.

Beschweren sich andere über uns oder konfrontieren uns direkt, so birgt dies meist eine ganz bestimmte Lehre für uns. Wir können ruhig zuhören und versuchen abzuschätzen, ob unser Herz nicht einen Funken Wahrheit an dieser Sache erkennt. Manchmal wird unser Herz uns aber auch klar zu verstehen geben, dass es an der Zeit ist, einen Schlussstrich zu ziehen.

Haben Zwietracht, Kritik und Missbrauch eine Beziehung so beeinträchtigt, dass sie schädlich wird, so steht uns das Recht auf spirituelles Wachstum zu, und wir können uns von ihr distanzieren. „Ich muss weiter. Meine Liebe kann zur Zeit nichts für dich tun. Du wirst das, was du brauchst, woanders finden müssen.“ Sehen wir aber z. B., dass jemand gerade drauf und dran ist, einen schweren Fehler zu begehen, können wir ihm/ihr sagen: „Das ist nicht gut für dich und/oder mich. Ich kann nicht daran teilnehmen und rate dir, es auch sein zu lassen. Lass uns in Liebe zusammen weitergehen.“

Das Herz reagiert aber nicht nur auf solch negative Gedanken und Gefühle, sondern auch auf die verschiedensten Einflüsse unserer Außenwelt: Lärm, aggressive Rhythmen und Stress in der Arbeit oder zu Hause. In der heutigen Welt können wir solchen Druck nicht immer vermeiden, aber wir können lernen, besser mit ihm umzugehen.

Saint Germain gab praktische Tipps zum Umgang mit den verschiedensten Formen von Stress: „Oft ist es nur eine Frage der Haltung ... Lümmelst du mit hängenden Schultern und Gliedmaßen herum, während das Fernsehen dich mit Werbung bombardiert, die Katze heult, der Hund bellt, die Kinder schreien und das Telefon klingelt – wie willst du da noch die Ruhe bewahren? Das ist ein ganzes Arrangement, doch hast du selbst es dir so eingerichtet.

Nun kannst du auch in solchen Situationen die Ruhe bewahren, aber nicht, wenn du selbst darin herumlümmelst, die Kartoffeln im nächsten Moment anbrennen und die Gäste – und du selbst – gleich einen Streit beginnen werden, wenn du nicht aufpasst. Das Ganze ist eine Frage eins, zwei, drei, vier, fünf – ein paar einfacher Bedingungen: Lasse nicht zu, dass deine Familie von allen Seiten unter Beschuss gerät. Lasse nicht zu, dass all diese Dinge sich gleichzeitig zutragen.

Strebe eine Kommunion mit deinem Herzen an. Füttere die Katze, lass den Hund vor die Tür, schalte den Fernseher aus, überprüfe die Kartoffeln im Ofen und genieße das Gespräch in der gottgegebenen Überzeugung, dass jedes Familienmitglied und jeder Freund und Bekannte die Gelegenheit dazu haben sollte, in deiner liebenden Gegenwart Dinge auszudrücken, die ihm am Herzen liegen.“[40]

Eine sehr effiziente Technik zum Schutz des Herzens ist die Meditation des weißen Lichts. In seinen Briefen rät uns Apostel Paul, „die ganze

Rüstung Gottes“ bzw. „die Rüstung des Lichts anzulegen“.

Heilige und Mystiker aller Religionen sahen dieses weiße Licht ebenfalls in ihren Gebeten und Meditationen. So wurden auch die Israeliten auf ihrem Zug durch die Wüste bei Tag von einer „Wolkensäule“ und nachts von einer „Feuersäule“ begleitet, und Gott versprach durch den Propheten Zacharias: „Ich werde eine Wand aus Feuer um sie [Jerusalem] sein und der Ruhm in ihrer Mitte.“

Das weiße Licht kann uns helfen, unser inneres Gleichgewicht zu wahren und uns vor negativen Energien zu schützen, die Zorn, Urteil, Hass oder Eifersucht anderer auf uns lenken. „Stell dir vor, du bist das Licht“, lautet die Formel eines Kabbalisten des 13. Jahrhunderts, der seine Ausführungen folgendermaßen fortsetzt: „Was auch immer wir fest in unseren Geist einprägen, wird zum Wesentlichen. Betest du also oder schenkst Gott einen Segenswunsch, so stell dir vor, du selbst

O Gott, sende Licht in mein Herz ... und Licht in mein Hören und Licht in mein Sehen ... und Licht vor mich und hinter mich. – Abu Talib wärst das Licht. Alles um dich herum – jede Ecke und jedes kleinste Detail – wird Licht.

Wende dich nach rechts, und es wird dir Licht entgegenleuchten. Zu deiner Linken ist strahlendes Licht. Und auch über und neben dir ist alles aus dem Licht der Gegenwart. Um all das herum ist wieder nur Licht. Darüber eine Krone aus Licht, die die Bestrebungen unserer Gedanken krönt, die Pfade der Vorstellung erleuchtet und den Glanz der Gesichte verstrahlt. Dieses Licht ist unergründlich und unendlich.“[41]

PERSPEKTIVEN DES HERZENS

- **Entpersonalisieren Sie, was persönlich zu sein scheint.** Sind Sie mit einer schwierigen Situation konfrontiert, so machen Sie einen Schritt nach hinten und fragen Sie Ihr Herz, was der wahre Grund für den Zorn oder Hass ist, den jemand Ihnen entgegenzubringen scheint, der in Wirklichkeit jedoch nur ein Symptom für ein viel tieferes Unbehagen ist. Statt auf dieses Symptom zu reagieren, sollten Sie versuchen, mit Ihrem Herzen die wahren Ursachen zu heilen.

- **Ziehen Sie Grenzen, wenn nötig.** Gibt es Situationen oder Beziehungen in Ihrem Leben, die Ihnen Energie rauben und Sie ständig zu provozieren suchen, Ihren negativen Seiten freien Lauf zu lassen? Wie können Sie diesen Situationen liebende Grenzen setzen?
- **Meditieren Sie über das weiße Licht, um Ihren spirituellen Schutz zu stärken.** Sie können das weiße Licht durch die folgende Affirmation der Lichtsäule anrufen. Diese Säule aus Licht ist ein Energieschild, der von Gott über unser Höheres Ich als Antwort auf unser Gesuch auf uns niederkommt. Wir beten sie am besten drei Mal, bevor wir uns in den Trubel des Alltags begeben. Fühlen Sie sich während des Tages energielos, ausgelaugt oder verletzbar, so ziehen Sie sich am besten ein paar Minuten zurück und wiederholen diese Affirmation. Visualisieren Sie sich, während Sie diese Worte sagen, wie auf dem nebenstehenden Bild im Plan des Göttlichen Ichs. Unser Höheres Ich schwebt direkt über uns. Darüber befindet sich unser ICH BIN, die Gegenwart Gottes mit uns.

  Sehen und fühlen Sie einen glitzernden Wasserfall weißen Lichts, der heller als die Mittagssonne

auf frischem Schnee von unserer göttlichen Gegenwart auf uns niederrieselt und uns umhüllt. Sehen Sie, wie es zu einer undurchdringlichen Wand des Lichts verschmilzt.
Visualisieren Sie sich innerhalb dieser glitzernden Aura aus weißem Licht, umhüllt von der violetten Flamme des Heiligen Geistes, dieser spirituellen Hochfrequenzenergie, die alles Negative (von anderen oder uns selbst) in positive Energie der Liebe umwandelt. (Siehe dazu auch S. 156-163).
Sagen Sie diese Affirmation laut auf, so bestätigen Sie dadurch, dass Gott und Ihre innere göttliche Kraft Ihre Familie, Ihre Beziehungen, Ihre Arbeit, kurz Ihr Leben und Ihre Welt im Griff haben.

Säule des Lichts

Oh, geliebtes göttliches Ich,
Umhülle mich mit deiner Säule aus Licht,
Das stammt von aufgestiegener Meister Flammen,
Die ich anflehe in Gottes Namen.
Möge es meinen Tempel[42] befreien
Von allem, das versucht, uns zu entzweien.

Ich rufe hervor die violette Flamme,
Alle Sehnsüchte zu erhellen und verwandeln.
Sie möge brennen in Freiheits Namen,
Bis ICH BIN eins mit der violetten Flamme.

Die sanfte Kraft

Doch werdet ihr nie Herz zu Herzen schaffen,
wenn es euch nicht von Herzen geht.
– Johann Wolfgang von Goethe –

„Das weichste und biegsamste Ding dieser Welt“, lehrt Lao Tse in seinem Tao Te King, „läuft rücksichtslos über die härtesten Dinge dieser Erde hinweg.“ Lao Tse bediente sich der Metapher des Wassers, dessen sanfte Kraft selbst den härtesten Stein zermürben konnte. Er führt die Analogie noch fort und schreibt: „Ein guter Krieger kämpft ohne Wut; ein großer Sieger greift seine Feinde nicht an.“

Die Zärtlichkeit eines Kindes, ein einfaches Lächeln oder ein freundliches Wort des Verständnisses können mehr bewirken als jeder Beweis von Macht. In unserem Buch *Your Seven Energy Centers* erläutern wir, wie sich unnatürliche Handlungen menschlicher Gewalt durch Sanftmut der natürlichen Bewegung des Herzens anpassen können. Sanftheit gibt anderen und geht nicht in die Offensive. Sie ist das genaue Gegenteil von Starrheit und Widerstand. Spröde Dinge brechen; das Weiche ist flexibel und biegt sich. So sagte ein weiser Kommentator einmal: „Gesegnet seien die Flexiblen, denn sie können sich biegen, ohne dabei den Halt zu verlieren."

Dieses Prinzip steckt auch hinter Kampfsportarten wie dem T'ai Chi. Sie basieren darauf, innere Kraft und zugleich Geschmeidigkeit zu trainieren, die der rohen Gewalt der Muskelkraft weit überlegen sind. Von außen gesehen, erscheint der Körper weich und gelassen, birgt jedoch größte Konzentration und Macht in seinem Inneren.

So lehrte der T'ai Chi Meister Cheng Manch'ing im letzten Jahrhundert auch, dass wahre Meisterschaft in der Sanftheit nicht in der Härte, in der Flexibilität und nicht in der Kraft zu suchen sei. Wolfe Lowenthal, der die Lehren des Meisters veröffentlichte, erzählt, dass das große Geheimnis des Kampfsports in Milde, Feinfühligkeit und Mitgefühl liegt.

„Menschen kompensieren innere Schwächen oft durch aggressives oder defensives Auftreten", schreibt er. „Aber harte Energie blockiert den Fluss des *Ch'i* [unserer inneren Lebenskraft] und kann demnach nur ein unzusammenhängender Ausdruck eines Teils unserer eigentlichen Kraft sein.“ Sanfte Energie hingegen steht in Einklang mit dem *Ch'i* und blockiert seinen Fluss nicht. So lehrte der Meister auch, dass die Kraft eines Pfeils schließlich in der Elastizität, Weichheit und Lebendigkeit von Bogen und Sehne liege. „Eigentlich ist es paradox, dass wahre Stärke nur von Sanftmut kommen kann.“[43]

Der berühmte amerikanische Staranwalt Gerry Spence gibt ein Beispiel dafür in seinem Buch *Wie gewinne ich all meine Argumente*. In einem Kapitel, welches beschreibt, wie man überzeugt ohne zu argumentieren, erzählt er, dass er diese Einsicht auf der Rückkehr aus den Flitterwochen von seiner Frau gelernt habe. Er wollte seiner Frau zeigen, dass er die Dinge im Griff hatte und sich seine Lebensregeln selbst schuf. Also ging er mit einem Freund nach der Arbeit in ein Café und kam ganz bewusst zu spät zum Abendessen nach Hause. Dieser Punkt schien ihm besonders heikel, da er in seinen vorherigen Beziehungen zu zahlreichen Auseinandersetzungen geführt hatte.

Als er schließlich mit über einer Stunde Verspätung zu Hause ankam, empfing ihn seine Frau mit einem großen Kuss und Lächeln. Ohne jeglichen Vorwurf sagte sie ihm, sie hätte schon gegessen, aber sein Abendessen stehe noch warm im Ofen. Er war schockiert, dass sie nicht vehementer reagierte.

Also probierte er dasselbe am nächsten Abend wieder, um festzustellen, ob sie sich nicht verstellt hatte. Doch wieder empfing sie ihn herzlich, obwohl er sich nicht einmal dafür entschuldigte zu spät heimzukommen. Als er sie schließlich fragte, ob sie nicht ein bisschen wütend auf ihn sei, antwortete sie ihm, dass er sicher viel im Büro zu tun gehabt hätte und als erwachsener Mann niemanden bräuchte, um ihm zu sagen, wann er heimzukommen hätte.

> Zu denjenigen, die gut zu mir sind, bin ich gut; und zu denjenigen, die nicht gut zu mir sind, bin ich ebenfalls gut; und so kommt alles zum Guten. – Tao Te Ching

„Sie gewann unsere erste Auseinandersetzung ohne das geringste Argument“, schreibt Spence, „und ich bin in all den Jahren unserer Ehe nie mehr absichtlich zu spät zum Essen gekommen. ... Vertrauen erzeugt Vertrauen, und ich wurde vertrauenswürdig. Ich hatte an jenem Abend wieder etwas erfahren, was ich schon so oft zuvor gelernt hatte: Liebesbeweise sind, egal ob in der Küche, im Schlafzimmer oder vor Gericht, die mächtigsten aller Argumente.“[44]

Die Kraft von Sanftmut und Offenheit ist im Gegensatz zu Härte und Engstirnigkeit eine treibende Kraft jeden sinnvollen Dialoges. Der Physiker David Bohm analysierte das Wort *Dialog* in seinen späten Jahren: Da es sich aus *dia* (durch) und *logos* (das Wort) zusammensetze, stehe der *Dialog* für einen Prozess, durch den Bedeutungen um die Teilnehmer herum und durch sie hindurch flössen.

In einem Aufsatz schreiben David Bohm, Donald Factor und Peter Garrett, dass ein Dialog weder mit einer Debatte, bei der eine Meinung schließlich über eine andere siegt, noch mit einer Diskussion, einem Wort, das nicht zufällig dieselbe Wortwurzel habe wie *Perkussion* oder *Konkussion*, bei denen es darum geht, Dinge zu brechen, gleichzusetzen sei. In einem wahren Dialog überwinden wir unsere vorgefertigten Meinungen und tauschen frei Ideen und Informationen aus.

Dadurch haben sich die Gesprächsteilnehmer nach dem Dialog weiterentwickelt.

Die Kommunikationswissenschaftlerin Joan erinnert ihre Schüler immer wieder daran, dass wir unsere Ansichten oft überwinden müssen, um Zugang zu einer höheren Wahrheit zu haben. „Erfolgreiche Gespräche sind ein weises Gemisch aus Überzeugung und Hinterfragung, wenn wir nicht nur auf unserer Ansicht beharren, sondern auch die der anderen untersuchen. Statt mit allen Mitteln unsere Meinung durchsetzen zu wollen, sollten wir durchaus auch versuchen, den Gesichtspunkt unserer Gesprächspartner zu erfassen. So kommen wir am besten vorwärts."

PERSPEKTIVEN DES HERZENS

- **Stellen Sie mehr Fragen.** Versuchen Sie in Ihren nächsten Gesprächen, offener neuen Ansichten gegenüberzustehen, die Sie früher vielleicht noch nie in Erwägung gezogen hatten. Versuchen Sie ebenso sehr Fragen zu stellen und Möglichkeiten in Erwägung zu ziehen, als Ihre eigene Position zu vertreten, und sehen Sie, was passiert.

- **Üben Sie sich in Sanftmut.** Erinnern Sie sich an Situationen, in denen Ihr Gebrauch von Kraft die weitere Entwicklung der Dinge blockierte? Erinnern Sie sich auch an Situationen, in denen Sie durch die sanfte Kraft schneller und angenehmer ans Ziel gelangten, als durch rohes Vorgehen? Gibt es eine Situation in Ihrem aktuellen Leben, in der Sie flexibler sein könnten?

5

Einkehr ins Herz

Das Herz ist der Ort der großen Begegnungen. Hier treffen wir nicht nur unser Höheres Ich, sondern Gott selbst. Bei jeder dieser Begegnungen findet ein alchemistischer Wandel statt, nach dem wir nicht mehr dieselben sind.

5. Einkehr ins Herz

Die geheime Kammer

Der höchste Himmel scheint im Lotus des Herzens.
– Kaivala Upanischad –

Die Mystiker der Welt – von der christlichen Beschaulichkeit zur buddhistischen Meditation – haben den Zauber der Vereinigung mit Gott in ihrem Herzen entdeckt. Sie beschreiben das Herz als das Bindeglied zwischen dieser und der spirituellen Welt. Hier, auf halber Strecke zwischen Himmel und Erde, können wir das Wesentliche suchen und finden.

Das Herz ist also weit mehr als ein Organ unseres Körpers. Es ist zugleich der Sitz unseres Höheren Bewusstseins und das Sprungbrett zum Wandel unseres Wesens. In der östlichen Tradition ist das Herz das Zentrum unseres gesamten Energiesystems. Es ist das mittlere der sieben Chakren, die alle in Form eines Lotus mit jeweils einer anderen Anzahl von Blütenblättern dargestellt werden.

Diese Energiezentren arbeiten auf subtilen Ebenen, die dem physischen Auge zwar nicht einsehbar sind, aber alle Aspekte des Lebens beeinflussen. Sie sind Sende- und Empfangsstationen zugleich, die die spirituellen Energien verarbeiten und heruntertransformieren, die ständig durch uns fließen und unseren Körper, unseren Geist und unsere Seele nähren.

In unserem Werk *Your Seven Energy Centers* gehen wir näher auf die zentrale Funktion des Herzens in unserem Körper ein. Ähnlich wie das Herz, das das durch die Lungen mit Sauerstoff angereicherte Blut in den ganzen Körper schickt, so verteilt es auch auf subtilerer Ebene die Energien, die wir vom spirituellen Geist empfangen, in die übrigen Chakren und Körpersysteme.

Während diese Energien durch unser Herzchakra laufen, nehmen sie auch die einzigartige Schwingung und Eigenschaften unseres Herzens auf. Dieser Eindruck beeinflusst all unsere Gedanken und Handlungen zum Guten oder zum Schlechten. So heißt es in den Sprichwörtern der Bibel auch: „[Der Mensch] ist so, wie er in seinem Herzen denkt."

Jedes Chakra bietet uns andere Möglichkeiten, Gott wahrzunehmen. Durch das Herzchakra nehmen wir ihn in Form von Liebe, Mitgefühl, Nächstenliebe, Trost, Sanftmut, Feinfühligkeit, Erkenntnis und Wertschätzung wahr. Wir können die kreative Energie des Herzens aber auch missbrauchen und in Form von Hass, Abneigung, Zorn, Selbstsucht, Reizbarkeit und Vernachlässigung an den Tag kommen lassen. Die Mystiker beschreiben das Herz als Zufluchtsort, an den wir uns zurückziehen können, um mit Gott zu sprechen. Rumi schreibt: „Das Herz ist nichts als ein Ozean des Lichts, die Stätte der Gottessicht." Im Hinduismus und im Buddhismus verweilt der „Herr des Alls" im Herzen.

Die Mystiker sprechen auch von einer Art „Vorraum" unseres Herzens. Hier liegt unser innerer Tempel, unsere Kathedrale, kurzum unser eigener Meditationsraum. Die Hinduisten nennen dieses Tabernakel das achte Chakra oder *Anandakanda* (die Wurzel des Segens). In anderen Traditionen ist es auch als die verborgene Kammer des Herzens bekannt. Jesus spricht von diesem geheimen Ort, wenn er sagt: „Du aber, gehe in deine Kammer, wenn du betest, und schließe die Tür zu; dann bete zu deinem Vater, der im Verborgenen ist."

Die geheime Kammer unseres Herzens ist eine Pforte zu kosmischen Dimensionen. „Der kleine Raum im Herzen ist so groß wie das gesamte Universum", heißt es im Chandogya Upanischad. „Himmel und Erde sind hier; Sonne, Mond und Sterne sind hier; Feuer, Blitz und Winde sind hier und alles, was jetzt ist und nicht ist." In einem anderen Sanskrit-Text wird erklärt, wie wir in Meditation versinken können, indem wir uns eine wunderschöne Insel in unserem Herzen vorstellen, wo der goldene Sand vor lauter Juwelen glitzert und duftende Bäume die Küste säumen. Unter einer Laube steht ein Tempel aus Rubin, wo wir in tiefer Meditation mit unserem Meister Zwiesprache halten.

Im Herzen aller Wesen ist das Atman, der Geist, das Ich, verborgen, das kleiner als das kleinste Atom und größer als der weiteste Raum ist. – Katha Upanischad

Wenn wir in unseren Meditationen im Herzchakra verweilen, werden wir auch die Hintertür finden, die in die geheime Kammer führt. In ihr thront unser innerer Lehrer, unser Höheres Ich. Dieser geliebte Freund, der uns göttliche Führung und spirituellen Anschluss vermittelt, hat in den verschiedenen Traditionen die verschiedensten Namen. Die Hinduisten nennen diesen innewohnenden Geist – „unser innerstes Wesen, das nicht größer als der Daumen ist" – Atman. Für die Christen handelt es sich um das Wesen im Herzen oder auch das Innere Licht. Jesus entdeckte, dass das Höhere Ich „der Christus" ist, für Gautama war es „der Buddha". Deshalb wird es auch als Innerer Christus (oder Christus-Ich) oder auch Innerer Buddha bezeichnet.

Die besondere „Akustik" der geheimen Kammer des Herzens ermöglicht uns auch, die „ganz leise Stimme" Gottes und des Höheren Ichs zu vernehmen und so die göttlichen Ratschläge und die Erkenntnis zu empfangen, derer wir so dringend bedürfen. Doch wie oft meinen wir, zu beschäftigt zu sein, um einzuhalten und zuzuhören! Aber die geheime Kammer ist ganz in unserer Nähe. Es braucht nicht lange, um hineinzuschlüpfen und ein kurzes Gespräch mit unserem inneren Lehrer zu halten.

PERSPEKTIVEN DES HERZENS

- **Sprechen Sie regelmäßig mit Ihrem inneren Lehrer.** Unser Höheres Ich weiß alles. Es kann uns Dinge beibringen, unfehlbare Ratschläge erteilen und vor Gefahren warnen, wenn wir uns Zeit dazu nehmen, auf seine Stimme zu hören. Haben wir die ständige Gegenwart dieses Meisters in unserem Inneren einmal erkannt, werden wir gerne an Schlüsselstellen unseres Tages zu ihm zurückkehren, um uns mit ihm zu unterhalten. Wir können z. B. zu ihm sagen: „Geliebter Meister, ich bin so dankbar für deine Führung, deine Erleuchtung und Liebe. Lehre mich, führe den Kurs meines Lebens und zeige mir die Schritte, die ich nun unternehmen soll."
  Wir können uns jederzeit in unser Herz zurückziehen und Verbindung mit unserem Höheren Ich aufnehmen. Wir können ihm alle dringenden Fragen stellen, wie z. B., was wir in dieser oder jener Situation tun oder wie wir ein bestimmtes Problem lösen sollen. Der wichtigste Schritt ist der folgende: zuhören. Manchmal lässt die Antwort etwas auf sich warten, doch kommt sie immer rechtzeitig.

Ein göttlicher Funke

Der Körper selbst ist ein Schild, welcher
uns abschirmen soll und zugleich das Licht offenbart,
welches in unserem Inneren brennt.

– Rumi –

Auch die Mystiker nennen die heilige Flamme Gottes in unserem Inneren den „göttlichen Funken". Es ist ein Funken vom Feuer des Herzens Gottes, also ein Teil Gottes in uns selbst. Es ist reinster Geist und zugleich unsere Verbindung mit unserer Urquelle. Mögen wir auch meinen, als Menschen auf der Erde zu wandeln, so sind wir doch göttliche Wesen mit einer ständigen Verbindung zu Gott.

Die Mystiker aus aller Welt sind überzeugt davon, dass ein Teil Gottes in uns allen wohnt. „Wisst Ihr denn nicht, dass … der Geist Gottes in euch selbst wohnt?", schrieb der Apostel Paul. Das hinduistische Katha Upanischad wiederum spricht vom

„Licht des Geistes", welches im „geheimen Ort des Herzens" aller Wesen verborgen ist. Die jüdischen Mystiker nennen den göttlichen Funken in unserem Inneren, der unsere Brücke zur Welt Gottes darstellt, *Neshamah.*

Die diesen göttlichen Funken gesehen haben, beschreiben ihn als heiliges Feuer oder auch Saat Gottes. Die Heilige Katharina von Siena betete: „In deiner Natur, oh ewiges Haupt Gottes, wird sich mir die meine offenbaren. Und was ist meine Natur? Feuer, denn du bist nichts als das Feuer der Liebe. … Du, der du das Feuer selbst bist, teile dein Feuer mit [der Seele]."[45]

Der christliche Mystiker Meister Eckhart schrieb: „Die Saat Gottes ist in uns. … Ein Teil von uns bleibt ewig im Geiste und ist göttlich. … Hier glüht Gott und brennt ohne Unterlass." Ähnlich sprechen die Buddhisten vom „Keim der Buddhaschaft", der in jedem Wesen steckt.

Die Seele wird in ihren innersten Gefilden von Gott geküsst.
– Hildegard von Bingen

In buddhistischen Texten heißt es, dass „alles Leben mit dem Wesen Buddhas versehen ist". Als Symbol hierfür steht die Lotusknospe des Herzens, die sich öffnet, wenn sie richtig genährt wird, um die Natur Buddhas zu offenbaren. Dieser Lotus des Herzens soll blühen und sein ganzes Potenzial in uns freilegen.

Andere Traditionen sehen diesen Funken als „dreifache“ Flamme, da sie den drei ursprünglichen Eigenschaften des Geistes und somit der Dreifaltigkeit entspricht: Macht, Weisheit und Liebe. Jedes Mal, wenn wir unsere liebende, spirituelle Seite wirken lassen, flackert diese innere Flamme in uns auf, die unsere besten Gedanken, Gefühle, Worte und Taten animiert. Dieses Feuer ist die spirituelle Kraft, die nicht nur in der Lage ist, unser eigenes Leben, sondern auch die Welt zu verändern.

Unser göttlicher Funke ist dasselbe universelle Licht, welches schon in den Herzen der Heiligen und Meister aus Ost und West brannte.[46] Der einzige Unterschied zu der Flamme in unserem Inneren ist ihre Größe und Intensität. Je stärker das Feuer, desto mehr Licht spendet es.

Je mehr Licht von uns ausgeht, desto mehr sind wir dazu in der Lage, zu lebenden Wandlern der Liebe zu werden.

Wie die großen Revolutionäre des Geistes, so können auch wir unsere spirituelle Flamme und die Macht unserer Liebe anfachen. Von den Mystikern sind uns einige Anleitungen dazu überliefert. Ihre Formeln beinhalten Übungen mit Herz, Kopf und Hand. Das heißt, es genügt nicht, uns in Meditation und Gebet zu versenken, sondern wir müssen die Weisheit des Herzens auch in die Tat umsetzen, indem wir täglich den Bedürfnissen unserer Mitmenschen entgegenkommen.

In den ersten Kapiteln dieses Buches sprachen wir daher von praktischen Wegen, das Herz zu öffnen, zu heilen und zu stärken. In der Folge soll es darum gehen, wie das Feuer des Herzens durch Gebete und Meditationen geschürt werden kann, wenn wir in unsere innere Hochburg, unsere geheime Kammer des Herzens, gelangen.

Herzensgebete

Unsere Gebete sollten brennende Worte
aus dem Feuer des Herzens sein,
das voller Liebe ist.
– Mutter Teresa –

So mancher Revolutionär des Geistes wusste sich das Feuer des Herzens zu Nutze zu machen. Auch wir können den gefangenen Blitz unseres Herzens durch die Weißglut der Meditation und des Gebets freisetzen.

Natürlich handelt es sich bei unseren Meditationen in der geheimen Kammer um sehr intime Erfahrungen. Sie beginnen in der Regel meist damit, unsere Aufmerksamkeit von den äußeren Geschehnissen auf unsere Innenwelt zu verlegen. „Alle Tore sind verschlossen und der Geist beschränkt sich aufs Herz“, heißt es in der Bhagavad Gita. Im Christentum spricht man von Einkehr, vom Rückzug des Geistes von allen äußeren

Angelegenheiten oder von der Konzentration auf die innere Gegenwart Gottes.

Kehren wir durch Liebe und Gebete in uns ein, stellen wir die Verbindung zu unserer inneren Flamme und zur Energie Gottes her. „Der kleine Geistesfunke unseres wirklichen Wesens ist der Schlüssel, der uns das Universum eröffnet", schrieb Mark Prophet einmal. „Der Geist [Gottes] ist der Stoff unserer Welt. Sein Muster und seine Kraft sind die einzig rettende Gnade. Wir selbst müssen uns ganz bewusst wieder mit diesem Licht identifizieren, es wieder in uns integrieren und uns vollständig dadurch umpolen lassen."

Durch Gebete und Meditationen lenken wir unsere Aufmerksamkeit wieder auf unser inneres Licht, die Urquelle unseres Wesens, zurück. Wir werden so vom Licht überflutet, dass wir es erneut, erfrischt und gestärkt an die weitergeben können, die es benötigen. So füllen wir unseren Liebesspeicher an. Halten wir Zwiesprache mit unserem Höheren Ich, das in unserem Herzen thront, so haben wir auch Zugang zur Weisheit des Herzens, die uns die Lösungen zu den schwierigsten Situationen liefert.

Die Mystiker raten uns, unsere Meditationen durch lautes Beten zu ergänzen, welches aus einem vor Liebe brennenden Herzen stammt. Der Zohar lehrt z. B.: „Was auch immer ein Mensch denkt oder in seinem Herzen meditiert, kann nicht verwirklicht werden, wenn es nicht über seine Lippen kommt." Das gesprochene Wort aktiviert die Frucht unserer Gottesmeditation und trägt sie in die stoffliche Welt.

In den Traditionen unserer Welt gibt es die wunderbarsten Techniken, um durch Gebet und Meditation in den Raum unseres Herzens zu gelangen: Vom stillen Aufsagen heiliger Worte über das dynamische Wiederholen von Mantras bis hin zu inspirierten Liedern und Gesängen. Der letzte Teil dieses Buches beginnt mit einer kurzen Meditation, die uns täglich den Weg in unser Herz bahnen kann. Dem folgen Meditationen und Gebete des Herzens aus aller Welt. (Die Gebete sind in Kursivschrift.)

Jedes Gebet kann ein oder mehrere Male aufgesagt werden wie ein Mantra, welches uns immer tiefer in unser Herz führt. Mögen sie Ihre spirituelle Praxis bereichern und Ihnen helfen, noch reichere Erfahrungen mit der göttlichen Gegenwart zu machen, die in den innersten Winkeln Ihres Herzens auf Sie wartet.

Gebete und Meditationen zur Einkehr ins Herz

Ich sehne mich nach einem brennenden Herzen.
Der Gemahl des Feuers will ich sein.
Entfache die Flamme der Liebe in deinem Herzen!
– Rumi –

Lass die Worte meines Mundes
Und das Sinnen meines Herzens
Deinem Anblick angenehm sein
Oh Herr, meine Kraft und mein Retter.

Erschaffe mir, Gott, ein reines Herz
und gib mir einen neuen, beständigen Geist.
– Psalm –

Meditation zum Eintritt in die geheime Kammer

Einen heiligen Platz schaffen

Sie beginnen die wichtigste Erfahrung Ihres Lebens. Dieses heilige Ritual kann ein oder mehrere Male täglich vollzogen werden.

Suchen Sie sich einen ruhigen Ort, wo Sie ungestört sind. Manchen Menschen fällt diese Beziehung zur spirituellen Welt leichter, wenn sie sich dafür einen Raum oder einen bestimmten Ort mit einem kleinen Hausaltar schaffen.[47]

Setzen Sie sich in einen bequemen Stuhl mit beiden Füßen auf dem Boden oder mit gekreuzten Beinen im Lotussitz. Halten Sie Ihren Rücken in Verehrung des Geistes gerade. Diese Haltungen lassen den besten Energiefluss durch Ihre Chakren zu. Die Hände können dabei offen auf den Knien oder auf dem Schoß liegen. Diese Geste symbolisiert, dass Sie sich selbst als einen Kelch Gottes bereithalten: *„Ergieße dich in mich, oh lebendiger Geist."*

Unsere Mitte im Herzen finden

Sitzen Sie nun mit geschlossenen Augen, atmen Sie ein paar Mal tief durch und versuchen Sie, alle Geschehnisse und Sorgen der Außenwelt zu vergessen. Lassen Sie bei jedem Ausatmen bewusst all die Anspannungen und Sorgen des Tages los. Lösen Sie Ihre Aufmerksamkeit von allen Problemen zu Hause oder auf der Arbeit und von aller physischen und emotionellen Last. Legen Sie all dies für einen Augenblick zur Seite.

Nun konzentrieren Sie alle Energie auf das Herzchakra in der Mitte Ihrer Brust. Stellen Sie sich vor Ihrem inneren Auge das helle Licht der Mittagssonne vor und lassen Sie das Bild einer brennenden Kugel in Ihre Brust sinken. Denken Sie nur an diese große, helle Kugel aus Licht.

Atmen Sie abermals tief ein. Stellen Sie sich beim Ausatmen vor, wie Sie langsam in dieser Kugel aus Licht, Energie und Bewusstsein versinken, die nun Ihr ganzes Herzchakra einnimmt. Sie dringen immer tiefer in sie ein und entrücken den Grenzen von Raum und Zeit immer mehr in eine raum- und zeitlose Dimension.

Eintritt in die geheime Kammer

Während Sie nun immer tiefer in die innersten Winkel Ihres Wesens vordringen, stellen Sie sich vor, wie Sie in die geheime Kammer des Herzchakras gelangen. Visualisieren Sie sie als gewaltige Kathedrale, als kleine Kapelle, als wunderschöne Synagoge, Moschee oder als einen hinduistischen oder buddhistischen Tempel.

Während Ihrer Entdeckungsreise durch diese geheime Kammer des Herzens beginnen Sie, die göttliche Stille und vollendete Liebe zu fühlen. Das ist eine höchst innere Empfindung, so als ob Sie allein mit Ihrem Schöpfer im Weltall schwebten. Sie sind in Ihrem Gott und Gott ist in Ihnen.

Den göttlichen Funken visualisieren

Wenn Sie Ihren Platz in der geheimen Kammer gefunden haben, richten Sie Ihre Aufmerksamkeit auf die heilige Flamme, den göttlichen Funken, der auf dem Altar brennt. Dieser Altar ist der Ort des

Wandels, der alchemistischen Transformation. Hierher kommen wir, um überkommene Teile unserer selbst zurückzulassen, die Paulus den „alten Menschen“ nannte. Hier können wir alte Gewohnheiten und Verhaltensmuster ablegen und das Licht unseres Höheren Ichs dem „neuen Menschen“ in uns zuteil werden lassen. (Während Ihrer Gebete können Sie sich vorstellen, wie Sie bestimmte Lagen Ihrer Aura ablegen. Visualisieren Sie, wie all dieser alte Ballast von Ihnen fällt und von den Flammen verzehrt wird.)

Falten Sie die Hände über Ihrem Herzchakra. Fühlen Sie Ihren Herzschlag und sehen Sie mit Ihrem inneren Auge, wie der göttliche Funke auf dem Altar der geheimen Kammer Ihres Herzens pulsiert. Sie können sich dieses Feuer auch mit den drei Flammen vorstellen, die die drei göttlichen Ureigenschaften symbolisieren (siehe S. 209). Links züngelt die blaue Flamme der göttlichen Macht, in der Mitte die gelbe der göttlichen Weisheit und rechts die rosa Flamme der göttlichen Liebe.

Den inneren Lehrer grüßen

Hier vor dem Altar der geheimen Kammer Ihres Herzens steht auch Ihr innerer Meister, Ihr Höheres Ich. Verbeugen Sie sich vor der Heiligen Flamme auf dem Altar und dann vor Ihrem inneren Führer. Bei jeder Verbeugung können Sie ein Gebet des Herzens sagen, wie z. B.:

Allmächtiger Gott, ich verbeuge mich vor der Flamme, die du in meinem Herzen brennen lässt und die ein Teil deiner selbst ist. Mein geliebtes Inneres Licht (mein Innerer Christus, mein Innerer Buddha), zeige mir heute, was ich mit deiner Kraft, Weisheit und Liebe vollbringen soll, dass ich dein Herz, dein Kopf und deine Hand in Aktion bin und unsere Herzen wie eines schlagen.

Um das Feuer in unserem Inneren zu schüren, senden wir einen intensiven Bogen der Liebe und Dankbarkeit unseres Herzens an Gott und fühlen den Rückfluss dieser Liebe.

Ausdruck unseres inneren Feuers der Hingabe und Dankbarkeit

Unsere Gebete, Affirmationen und Mantras sind die gesprochene Meditation unseres Herzens, eine Feier des Geistes. Versuchen Sie, bei jedem Wort die spirituelle Resonanz in Ihrem Inneren zu fühlen.

Viele Mystiker warnen uns vor automatischen Ritualen und Handlungen. Unsere Spiritualität wird durch die bewusste Absicht, die Hingabe und Motivation unserer Rituale, Gebete und Aktionen gesteigert. Die Essenz des Herzens, die wir in all unsere Worte und Taten fließen lassen, bewirkt die wirkliche Alchemie des Wandels.

Kreatives Visualisieren während des Gebets

Vor der eigentlichen spirituellen Praxis können wir unsere Gebete einem bestimmten Ziel oder Zweck widmen. Vielleicht liegt uns ein bestimmtes Problem auf der Arbeit, zu Hause oder im Weltgeschehen besonders am Herzen. Visualisierungen sind wie Magnete, die die kreativen Energien des Geistes anziehen, um dem Entwurf zu dienen, der sich in unserem Inneren geformt hat.

Bedienen Sie sich Ihrer Vorstellungskraft, um das gewünschte Ergebnis Ihrer Gebete oder die Lösung bestimmter Situationen vor Ihnen ablaufen zu sehen wie in einem Film. Hier wird jedes Wort Ihres Gebets vor Ihrem inneren Auge Wirklichkeit.

Bleiben Sie offen für alles Neue, während Sie diese Bilder vor Ihrem inneren Auge sehen. Gott ist unwahrscheinlich kreativ. Unsere Gebete werden nicht immer auf die Art und Weise erhört, wie wir uns das vorstellen, doch werden sie immer so in die Wirklichkeit umgesetzt, wie es uns am meisten nützt.

Meditationen zur Flamme des Herzens

Während Sie laut das „ICH BIN das Licht des Herzens" beten, können Sie sich Tausende Sonnenstrahlen vorstellen, die um Ihr Herz erstrahlen. Sehen Sie, wie sie wie intensive rosa Laserstrahlen alle Dunkelheit, Verzweiflung oder Depression in

Ihrem Inneren oder bei all jenen durchdringen und auflösen, die den Beistand Ihres Herzens benötigen. Visualisieren Sie, wie diese Strahlen der liebenden Güte alle Hindernisse überwinden, die dem Erfolg Ihrer Beziehung, Ihrer Familie, Ihres spirituellen Wachstums, Ihrer Karriere, Ihrer Gemeinschaft oder Ihres Landes im Weg stehen.

ICH BIN das Licht des Herzens

ICH BIN das Licht des Herzens,
Das in der Dunkelheit des Wesens scheint
Und alles zum goldenen Schatz
Des Geistes Christi wandelt.

ICH BIN die Projektion meiner Liebe
In die Welt hinaus,
Um alle Irrtümer zu überkommen
Und alle Schranken zu überwinden.

ICH BIN die Macht der unendlichen Liebe,
Die immer stärker wird,
Bis sie siegreich ist
In der endlosen Welt.

ICH BIN ein Sohn/eine Tochter Gottes

ICH BIN ein Sohn/eine Tochter Gottes. Heute lade ich die Substanz meines Herzens, über die ich frei verfüge, mit der Kraft der Flamme der Liebe, die mir durch die Hand des Allmächtigen Gottes zuteil wird.
Ich sende sie von meinem Wesen in alle Richtungen aus, um das vollendete Werk Gottes zu vollbringen und dann als göttliche Liebe wieder zu mir zurückzubekommen.

Heilige Christus-Flamme in mir

Heiliges Christus-Ich[48] *über mir,*
Du bist die Waage meiner Seele hier.
Sende herab deinen strahlenden Segen,
um mich zur Vollkommenheit zu hegen.

Deine Flamme lodert tief in mir.
Dein Frieden erhebt mich hier.
Deine Liebe hält und schützet mich.
Dein Licht entfaltet sich durch mich.

ICH BIN deine dreifaltig leuchtende Kraft,
ICH BIN deine lebendige Gegenwart,
Die sich jetzt ausdehnt, ausdehnt, ausdehnt.

Heilige Christus-Flamme in mir,
komm, entfalte dein dreifaltiges Licht.
Durchflute mein Wesen mit der Essenz
von Rosa, Blau, Gold und Weiß.

Deine Flamme lodert tief in mir.
Dein Frieden erhebt mich hier.
Deine Liebe hält und schützet mich.
Dein Licht entfaltet sich durch mich.
ICH BIN deine dreifaltig leuchtende Kraft.
ICH BIN deine lebendige Gegenwart,
die sich jetzt ausdehnt, ausdehnt, ausdehnt.

Heilige Rettungsleine zu meiner göttlichen Präsenz,
Geliebter Freund und Bruder,
lass mich deine heilige Wache halten,
und ganz wie du sein in all meinem Handeln.

Deine Flamme lodert tief in mir.
Dein Frieden erhebt mich hier.

Deine Liebe hält und schützet mich.
Dein Licht entfaltet sich durch mich.
ICH BIN deine dreifaltig leuchtende Kraft,
ICH BIN deine lebendige Gegenwart,
die sich jetzt ausdehnt, ausdehnt, ausdehnt.

Meditation zur Insel des Herzens

„Der Garten des Herzens ist eine Kammer im Geiste Gottes, die durch Meditation und Visualisierung als Königreich Gottes in uns selbst entstehen kann…"

„Die Gläubigen der östlichen Religionen sehen hier die Verwandlung der Erde in unzählige Juwelen. Es entsteht eine Insel aus Smaragden, Diamanten und Rubinen, die von einem Meer aus Nektar umgeben ist. Die Essenz des Heiligsten Geistes offenbart sich durch den Duft blühender Bäume. Versuchen Sie, sich diese königliche Szene vorzustellen…"

„Je genauer, desto besser. Visualisieren Sie diese Edelstein-Insel in einem glänzenden Meer in allen

Details. Dann stellen Sie sich vor, wie Sie vom Strand unter tropischen Bäumen und Gewächsen landeinwärts gehen, um schließlich auf dem höchsten Punkt der Insel Halt zu machen."

„Tropische Vögel und Blumen aller denkbaren Farben machen die Szene noch lebendiger. Sie hören ihren Gesang wie himmlische Lieder, die Ihre Seele in Einklang mit dieser Stelle bringen, wo sich das aufwärts strebende Dreieck der Materie mit dem herabkommenden Dreieck des Geistes trifft."

„Sind Sie im Herzen Ihrer Sonneninsel angekommen, visualisieren Sie den Thron, der dem Bild und der heiligen Gegenwart Ihres Meisters geweiht ist. Sie können sich dazu historische Vorbilder von Königsthronen vorstellen, deren Schnitzereien mit Gold überzogen und von Edelsteinen besetzt sind und auf dem Samtkissen liegen..."

„Während Sie die blaue Himmelskuppel und diesen Ort betrachten, an dem der Herr empfangen werden soll, beten Sie, dass Ihre Seele sich mit dem Bewusstsein Christi und seiner vollendeten Repräsentation in der geheimen Kammer des Herzens vereint."

Oh mein Herr und Gott,
Komm und sprich mit mir.
Wandle mit mir durch meinen Paradiesgarten
Auf meiner Insel im Meer.

Komm, oh Herr, in der Frische des Tages.
Komm, ich habe dir den Weg bereitet.
Ich opfere dir mein niederes Ich
Auf dem Altar des Herzens.

Ich trete vor dich, mein Herr.
Ich sehe dein Wesen, mein Herr.
Ich bin deine Allgegenwart, mein Herr.

Lehre mich zu sein wie du,
Über die Erde zu wandeln
Mit deinem Herzen, deinem Kopf und deiner Hand.
Und deinem Willen und Befehl folgend.

Oh unendlicher Gott,
Der du oben und unten herrschst.
Dich selbst möchte ich wahren.
Komm über mich, komm in mich,
Oh Gott der Liebe.
Lass mich mit dir, in dir leben.[49]

– Djwal Kul

Meditationen zum Lotus des Herzens

„Die alten Yogis gingen davon aus, dass das eigentliche Zentrum spirituellen Bewusstseins im so genannten Herzenslotus liegt, welches sich zwischen Bauch und Brustkorb befindet und sich in tiefer Meditation offenbaren konnte. Für sie hatte es tatsächlich die Form einer Lotusblüte und erstrahlte mit einem inneren Licht. Es soll ‚jenseits aller Traurigkeit' sein, da alle, die es sahen, von einem außergewöhnlichen Gefühl von Frieden und Freude erfüllt wurden..."

„Stellen wir uns den Körper wie eine laute und belebte Stadt vor, so gibt es in seiner Mitte einen kleinen Schrein, in dem das Atman, unsere wahre Natur verweilt. Egal, was auf den Straßen vor sich geht, wir können immer in diesen Schrein kommen und beten. Er ist immer offen."[50]

– Swami Prabhavananda und Christopher Isherwood

„Der höchste Himmel scheint im Lotus des Herzens. Alle, die sich bemühen und nach Höherem streben, können hierher kommen. Ziehe dich in die Einsamkeit zurück. Setze dich aufrecht an einen sauberen Ort und halte Kopf und Nacken in einer geraden Linie. Kontrolliere alle Sinnesorgane. Verbeuge dich hingebungsvoll vor deinem Lehrer. Dann betrete den Lotus des Herzens und meditiere hier über das reine, unendliche und gesegnete Brahman."[51]

– Kaivalya Upanischad[52]

In östlichen Traditionen wird die geheime Kammer des Herzens durch einen achtblättrigen Lotus symbolisiert, der Ananda-Kanda („Wurzel des Segens") genannt wird. In diesem Heiligtum des Herzens verweilt der göttliche Funke, der eins ist mit dem Geist.

„In der Stadt Brahmans, unseres Körpers, liegt das Herz. In unserem Herzen gibt es ein kleines Haus. Dieses Haus hat die Form eines Lotus und ist das Ziel all unseres Suchens und Fragens…"

„Nicht der Körper, sondern der Lotus des Herzens, wo Brahman in all seinem Ruhm verweilt, ist der wahre Sitz Brahmans. Denn Brahman wird von keiner Handlung berührt. Er kennt kein Alter, keinen Tod, keine Trauer, keinen Hunger und keinen Durst. Seine Wünsche sind recht und erfüllen sich.“[53]

– Chandogya Upanischad

Führe uns vom Unwirklichen zum Wirklichen

Es gibt ein Licht, das scheint
Auf alle Dinge dieser Erde, über uns alle,
Über den Himmel, über den hohen, den allerhöchsten Himmel.
Es ist das Licht, das in unserem Herzen scheint.

Oh du Offenbarter, offenbare dich auch uns.
Führe uns vom Unwirklichen zum Wirklichen,
Von der Dunkelheit ins Licht,
Vom Tod zur Unsterblichkeit.

– Upanischaden

Om Mani Padme Hum

Heil dem Juwel im Lotus![54]

Meditation zum Inneren Palast

„Bedenkt, was der Heilige Augustinus sagte: Er hatte Gott vielerorts gesucht, ihn schließlich jedoch in seinem Inneren gefunden. Meint Ihr nicht, es sei wichtig für den suchenden Geist zu wissen, dass man nicht erst in den Himmel kommen muss, um mit dem ewigen Vater zu sprechen und seine Freude an ihm zu haben? Wir brauchen auch nicht laut zu rufen. Und wenn wir auch noch so leise sprechen, so ist er immer noch nah genug, um uns zu hören…“

„Stellen wir uns vor, ein unheimlich reicher Palast stünde in unserem Inneren. Er wurde gänzlich aus Gold und Edelsteinen für einen Herrn wie den unseren erbaut. Stellen wir uns weiterhin vor, dass uns selbst eine Rolle dabei zukommt, dass dieser Palast so schön ist. Was ja in der Tat der Fall ist, da kein Gebäude schöner ist als eine reine und tugendhafte Seele. Je größer die Tugenden, desto schöner die Juwelen. Stellen wir uns vor, dass in diesem Palast der König wohnt, der gnädig genug war, unser Vater zu werden, und dass er auf einem ungeheuer wertvollen Thron sitzt, der unser Herz ist…

Es wird all unserer Vorstellungskraft bedürfen, um wirklich zu verstehen, dass in uns etwas viel Wertvolleres liegt, als wir außen sehen ... Ich halte es für unmöglich, soviel Augenmerk auf weltliche Dinge zu legen, wenn wir uns des Umstands bewusst sind, dass wir einen solchen Gast in unserem Inneren tragen. Denn erst dann wird uns klar, wie gering all diese Dinge im Gegensatz zu dem sind, was wir in unserem Inneren tragen..."

„... Welch wunderbare Sache, dass Er, der Tausende Welten zu füllen imstande ist, in all seiner Größe in etwas so Kleinem Platz findet! Doch da er der Herr ist, steht ihm frei zu tun, wie es ihm beliebt. Da er uns jedoch liebt, passt er sich an unsere Größe an."[55]

– Teresa von Avila

Möge ich dich heute zu Gesicht bekommen

Lieber Gott, möge ich dich heute und jeden Tag in deinen Kranken sehen und dir dienen, indem ich mich um sie kümmere.

Möge ich dich auch dann erkennen, wenn du dich hinter der unliebsamen Maske des Reizbaren, Strengen oder Unvernünftigen verbirgst, und sagen können: ‚Jesus, mein Patient, wie schön es ist dir dienen zu können.' …
Herr, stärke meinen Glauben, segne meine Bemühungen und meine Arbeit für heute und alle Tage. Amen.[56]

- Mutter Teresa

Oh Licht, gib uns Licht!

Oh ewige Dreifaltigkeit, meine innige Liebe!
Du Licht, gib uns Licht.
Du Weisheit, gib uns Weisheit.
Du höchste Kraft, stärke uns.

Heute, oh ewiger Gott,
Mach, dass unsere Wolke verweht wird
Und wir erkennen und
Deiner Wahrheit in Wahrheit folgen können
Mit einem freien und einfachen Herzen.

Oh ewig brennendes Feuer!
Die Seele, die sich in dir erkennt,
Sieht deine Größe überall,
Sogar in den winzigsten Dingen.
Denn in allem sieht sie deine Kraft,
Deine Weisheit und Gnade.

Du Licht, mach das Herz einfach
Und nicht zweiseitig.
Mach es groß und nicht knausrig,
So groß, dass es in seiner Nächstenliebe
Platz für alle hat.
Sei nicht langsam, liebster Vater,
Um dein gnädiges Auge
Auf diese Welt zu werfen.[57]

– Katharina von Siena

Ich bin dein Werk

Gott sagt:
Du bist
Immer
Vor meinen Augen.

Gott, ich bin dein Werk.
Vor dem Anbeginn der Zeit,
Schon damals
War ich in deinem Geist …

Durch Gott habe ich einen lebendigen Geist.
Durch Gott verfüge ich über Leben und Bewegung.
Durch Gott lerne ich und finde meinen Weg.

Rufe ich Gott in Wahrheit an und
Führt der Herr meine Schritte und
Bringt meine Füße in den Rhythmus seiner Gebote,
Dann laufe ich wie ein Reh der Quelle entgegen
Und habe mein Heim in der Höhe.[58]

– Frei nach Hildegard von Bingen

Schenke uns Liebe

Oh Herr, lass uns dich lieben; gib, dass wir die lieben können, die dich lieben, gib, dass wir die Taten vollbringen, die deine Liebe gewinnen. Mach, dass deine Liebe uns wertvoller ist als wir selbst, als unsere Familien, als Reichtum, ja selbst als das kühle Nass.[59]

– Mohammed

Möge ich zu einem unerschöpflichen Schatz werden

Möge ich der Arzt und das Heilmittel,
Möge ich der Pfleger
Aller Kranken dieser Welt sein,
Bis alle geheilt sind...

Möge ich ein unerschöpflicher Schatz werden
Für alle Armen und Notleidenden,
Möge ich zu all dem werden, was sie brauchen könnten,
Und möge es in ihrer Nähe liegen...

Und wenn mich jemand trifft,
So möge es ihm nicht bedeutungslos sein...
Möge allen, die Böses zu mir sagen,
Oder die mir anders Schaden zufügen,
Die mich verlachen oder beleidigen,
Das Glück zuteil werden zu erwachen.[60]

– Shantideva

Mögen alle mit Frieden gesegnet sein

Mögen alle Kreaturen geordnet
Und in Frieden zusammenleben,
Mögen alle immer mit Frieden gesegnet sein,
Alle Wesen schwach und stark,
Alle Wesen groß und klein,
Alle unsichtbaren und sichtbaren Wesen,
Die nah oder fern von uns leben,
Geboren sind oder geboren werden,
Mögen alle mit Frieden gesegnet sein![61]

– Sutta-Nipata

Gate Gate Paragate Parasamgate Bodhi Svaha

Gegangen, gegangen, darüber hinausgegangen,
Gänzlich darüber hinausgegangen.
Heil oh Erleuchtung (oder Erfülltes Erwachen)![62]

– Herz-Sutra

Gott wohnt im Herzen aller Wesen.
Geliebt, lebt dein Gott in deinem Herzen
Und die Kraft seiner Wunder bewegt alle Dinge …
Und wirbelt sie im Strom der Zeit weiter …

Ich habe dir Worte der Sicht und der Weisheit gegeben,
Die geheimer sind als die verborgenen Mysterien.
Überlege sie in der Stille deines Herzens,
Und lebe danach in Freiheit nach deinem Gutdünken.

– Bhagavad Gita

Anmerkungen

1. Kapitel: Öffnung des Herzens

1) Malcolm Muggeridge: *Something Beautiful for God*, Garden City, N.Y.: Doubleday & Company, Image Books, 1977, S. 44, 109.

2) Coleman Barks u. a.: *The Essential Rumi*, HarperSanFrancisco, 1995, S. 188. Alle anderen Rumi-Zitate stammen aus *The Essential Rumi*, S. 8, 172, 200.

3) Siehe Jack Kornfield und Christina Feldman, *Soul Food: Stories to Nourish the Spirit and the Heart*, HarperSanFrancisco, 1996, S. 141.

4) Wayne Muller, *Legacy of the Heart: The Spiritual Advantages of a Painful Childhood*, New York, Simon and Schuster, Fireside, 1993, S. 176.

5) Barks u. a., *The Essential Rumi*, S. 166.

6) Ebd., S. 109.

7) M. Scott Peck, *The Road Less Traveled: A New Psychology of Love, Traditional Values and Spiritual Growth*, New York, Simon and Schuster, Touchstone, 1978, S. 81, 116 f.

8) Lorraine E. Hale, *Hale House: Alive with Love*, Hale House, 1991, S. 8.

9) „Slain Journalists Honored by Colleagues, Diplomats", *CNN.com, 25.05.2000.*

10) Lesia Stockall Cartelli und Barbara Bartocci, „The Fire Within“, *Woman's Day,* 16.09.1997, S. 25.

11) Shelley Donald Coolidge, „Corporate Decency Prevails at Malden Mills“, *Christian Science Monitor,* 28.03.1996.

2. Kapitel: Stärkung des Herzens

12) Erika J. Chopich und Margaret Paul: *Healing Your Aloneness. Finding Love and Wholeness through Your Inner Child,* HarperSanFransisco, 1990, S. 41.

13) Melody Beattie: *Codependent No More: How to Stop Controlling Others and Start Caring for Yourself,* Center City, Hazelden, 1992, S. 36.

14) Ebd., S. 37.

15) John Gray, Vorwort zu *Handbook for the Heart. Original Writings on Love,* Ed. Richard Carlson and Benjamin Shield, Boston: Little, Brown and Company, 1996, S. *x*.

16) Aung San Suu Kyi und Alan Clements: *The Voice of Hope*, New York, Seven Stories Press, 1997, S. 278.

17) Siehe Elizabeth Clare Prophet, Patricia R. Spadaro und Murray L. Steinman, „The Origin of Evil“, in: *Kabbalah: Key to Your Inner Power*, Corwin Springs, Summit University Press, 1997, S. 142-145.

18) Harville Hendrix, „The Mirror of Love“, in: *Handbook for the Heart*, Carlson and Shield, S. 93.

19) Jack Kornfield, „The Wellspring of the Heart“, in: *Handbook of the Heart,* Carlson and Shield, S. 44 f.

20) Barks u. a.: *The Essential Rumi*, S. 190 f.

21) „Eddi Bocelli‘s Story“, www.geocities.com/Vienna/Choir/6642/eddi.html

22) David McArthur und Bruce McArthur. *The Intelligent Heart: Transform Your Life with the Laws of Love*, Virginia Beach, A.R.E. Press, 1997, S. 40-42. Siehe auch Doc Childre, Howard Martin und Donna Beech, *The Heartmath Solution*, HarperSanFrancisco, 1999.

23) Thomas Petzinger Jr., „Talking about Tomorrow: Saul Bellow“, *Wall Street Journal Interactive Edition, 2000.* http://interactive.wsj.com/millenium/articles/flash-SB94452338443082346.htm.

3. Kapitel: Heilung des Herzens

24) Angela Pirisi, „Forgive to Live“, *Psychology Today*, Juli/August 2000, S. 6.

25) Hendrix, „The Mirror of Love“, S. 93f., 97f.

26) Ebenso wie ein Strahl der Sonne, wenn er durch ein Prisma hindurchgeht, in die sieben Farben des Regenbogens aufgefächert wird, offenbart sich das spirituelle Licht in sieben Strahlen oder Flammen. Wenn wir diese spirituellen Strahlen in unseren Gebeten und Meditationen

anrufen, erzeugt jede davon eine ganz bestimmte Aktion in unserem Körper, unserer Seele und unserem Geist. So ist die violette Flamme die Farbe und Frequenz des spirituellen Lichts, das Gnade, Verzeihung und Wandel stimuliert. Die rosa Flamme ist die Flamme der göttlichen Liebe. (Siehe hierzu auch das Kapitel „Klärung des Herzens".)

27) Jedes Mal, wenn wir sagen „ICH BIN" (vom Namen Gottes ICH BIN, DER ICH BIN), sagen wir in Wirklichkeit: „Gott in mir ist ...". Durch das „ICH BIN" wirkt die Kraft des Geistes direkt durch uns.

28) Tom Gliatto, „The Mourning After", *People,* 30.3.1997.

29) Manchmal werden die Worte *Seelenpartner* und *Zwillingsflammen* oder *-seelen* recht willkürlich miteinander vertauscht. Doch haben sie nicht dieselbe Bedeutung. Zwillingsflammen sind zwei Hälften des Göttlichen Ganzen. Wir haben es hier mit Seelen zu tun, die denselben spirituellen Ursprung und ein und dasselbe Identitätsmuster aufweisen. Seelenpartner hingegen folgen demselben Ruf im Leben und unternehmen diese Reise gemeinsam. Jeder Mensch hat mehrere Seelenpartner, aber nur eine Zwillingsseele.

30) Norman Lebrecht: *Mahler Remembered,* New York, W.W. Norton & Company, 1988, S. 148.

31) Dannion Brinkley zitiert in Elizabeth Clare Prophet, Patricia R. Spadaro und Murray l. Steinman, *Saint Germain's Prophecy for the New Millennium,* Corwin Springs, Summit University Press, 1999, S. 305 f.

32) Fritjof Capra: *The Tao of Physics,* New York, Bantam Books, 1984, S. 141.

33) Das Herz ist eines der sieben Hauptenergiezentren des Körpers. Auf das Herzchakra kommen wir noch eingehender im Kapitel „Die geheime Kammer“ zu sprechen.

4. Kapitel: Wache des Herzens

34) Robert A.F. Thurman, *Essential Tibetan Buddhism*, HarperSanFrancisco, 1996, S. 142; Acharya Shantideva: *A Guide to the Bodhisattva's Way of Life,* Dharamsala, India, Library of Tibetan Works and Archives, 1979, S. 57.

35) Saint Symeon the New Theologian, zitiert in *Teachings of the Christian Mystics*, ed. Andrew Harvey, Boston, Shambala, 1998, S. 60.

36) Helena Roerich, *Heart,* New York, Agni Yoga Society, 1975, S. 272.

37) Hadewijch of Antwerp, zitiert in: *Teachings of the Christian Mystics*, ed. Harvey, S. 84.

38) Thurman, *Essential Tibetan Buddhism,* S. 142.

39) Ebd., S. 160.

40) Mark L. Prophet und Elizabeth Clare Prophet: *Lords of the Seven Rays: Mirror of Consciousness,* Corwin Springs, Summit University Press, 1986, S. 258 f.

41) Daniel C. Matt: *God and the Big Bang: Discovering Harmony between Science and Spirituality,* Woodstock, Jewish Lights Publishing, 1996, S. 73.

42) Das Wort *Tempel* bezieht sich hier auf die vielen Aspekte unseres Wesens, die auch unseren Körper, unseren Geist und unsere Gefühle ausmachen. So schrieb Paulus auch in seinen Briefen an die Korinther: „Wisst Ihr denn nicht, dass Ihr der Tempel des Herrn seid und dass Sein Geist in Euch weilt?"

43) Wolfe Lowenthal: *There Are No Secrets: Professor Cheng Man-ch'ing and His Tai Chi Chuan,* Berkeley, North Atlantic Books, 1991, S. 111, 67.

44) Gerry Spence: *How to Argue and Win Every Time,* New York, St. Martin's Press, 1995, S. 28 f.

5. Kapitel: Einkehr ins Herz

45) Suzanne Noffke (Hrsg.): *The Prayers of Catherine of Siena,* New York, Paulist Press, 1983, S. 104, 91.

46) Hierzu zählen natürlich auch die aus den verschiedensten Traditionen stammenden, aufgestiegenen Meister, die ihren Lebenszweck erfüllt haben und mit Gott wiedervereint sind.

47) Siehe Elizabeth Clare Prophet und Patricia R. Spadaro: *The Art of Practical Spirituality: How to Bring More Passion,*

Creativity and Balance into Everyday Life, Corwin Springs, Summit University Press, 2000, S. 39-52.

48) Das Christus-Ich ist eine andere Bezeichnung des Höheren Ichs. Die Heilige Christus-Flamme ist unser göttlicher Funke, dieses Feuer aus drei Flammen, welches in der geheimen Kammer unseres Herzens brennt.

49) Aus Kuthumi und Djwal Kul: *The Human Aura*, Corwin Springs, Summit University Press, 1996, S. 158-162, 194.

50) Swami Prabhavananda und Christopher Isherwood: *How to Know God. The yoga Aphorisms of Patajali*, New York, New American Library, Mentor, 1969, S. 49 f.

51) Brahman ist die letzte Wirklichkeit, das Absolute.

52) Ebd., S. 49.

53) Ebd. S. 49 f.

54) Siehe S. 23f.

55) *The Way of Perfection* 28:2, 9-11, in: *The Collected Works of St. Teresa of Avila*, Washington, ICS Publications, 1980, S. 140, 143 f.

56) Muggeridge, *Something Beautiful for God*, S. 74 f.

57) Zusammengestellt aus den Gebeten der Katharina von Siena. Siehe *The Prayers of Catherin of Siena*, S. 105, 100, 131, 82.

58) Gabriele Uhlein: *Meditations with Hildegard of Bingen*, Santa Fe, Bear and Company, 1983, S. 94-96.

59) *Lotus Prayer Book,* Yogaville, Integral Yoga Publications, 1986, S. 85.

60) Thurman, *Essential Tibetan Buddhism,* S. 160 f.

61) *Lotus Prayer Book,* Yogaville, Integral Yoga Publications, 1986, S. 180.

62) Dies ist die letzte Zeile aus dem Herz-Sutra, welches täglich von Tausenden Buddhisten gebetet wird. Dieses Mantra soll alles Leiden lindern.

Danksagung

Unsere tiefste Dankbarkeit und Anerkennung gilt dem wunderbaren Team, welches dazu beigetragen hat, dieses Werk zu vollenden: Dazu gehörten Nigel J. Yorwerth, Louise J. Hill, Karen Gordon, Lynn Wilbert, Roger Gefvert und Virginia Wood.

Weitere Informationen

Die Bücher von Summit University gibt es in allen guten Buchläden dieser Welt oder über das Internet zu kaufen. Einen Gratiskatalog zu unseren Büchern und Nebenartikeln können Sie anfordern bei:

Summit University Press, PO Box 5000,
Corwin Springs, MT 59030-5000, USA

Per Telefon: 001 406 848 9500 oder
per Fax: 001 406 848 9555

Per E-mail: info@summituniversitypress.com

Webseite: www.summituniversitypress.com

ELIZABETH CLARE PROPHET *ist eine weltberühmte Autorin. Neben »Alchemie des Herzens« ist auch »Mit Engeln arbeiten« im »Silberschnur Verlag« erschienen. Für Februar 2004 ist die deutsche Ausgabe von »Karma and Reincarnation« geplant.*

Elizabeth Clare Prophet ist eine Pionierin in Techniken angewandter Spiritualität. Ihre Arbeiten vermitteln überdies die kreative Kraft des Klangs für die Entfaltung unserer Persönlichkeit und den Wandel der Welt. Seit den 60er-Jahren hält sie Seminare und leitet Arbeitsgruppen in aller Welt zu den verschiedensten spirituellen Themen.

PATRICIA R. SPADARO *ist Co-Autorin von »Karma and Reincarnation«, »Your Seven Energy Centers«, »Saint Germain's Prophecy for the New Millennium: What to expect through 2025« und anderen Veröffentlichungen. Ihr besonderes Interesse gilt der praktischen Spiritualität und den mystischen Pfaden der spirituellen Traditionen unserer Welt.*

Elizabeth Clare Prophet

Mit Engeln arbeiten

ISBN 978-3-89845-049-2 · 128 Seiten, broschiert · € [D] 6,95

Je mehr wir lernen, mit Engeln zu arbeiten, desto besser können sie uns Hilfe leisten und uns auch unserem eigenen Höheren Ich näher bringen.
In einem praktischen Zehn-Punkte-Programm zeigt die Autorin auf, wie man sich mit Engeln in Verbindung setzt, sich ihrer Hilfe vergewissert und in Zusammenarbeit mit ihnen viel Gutes für sich und andere bewirkt. Doch seien Sie auch auf Überraschungen gefasst, wenn die Engel Ihrem Ruf antworten!

Elisabeth Clare Prophet

Die Violette Flamme

Heilung für Körper Geist und Seele

ISBN 978-3-89845-089-8 · 128 Seiten, broschiert · € [D] 6,95

Die Violette Flamme ist ein Licht, das allen Lebensformen dient und ihnen Achtung und Würde verleiht. Sie ist ein Mittel, sich untereinander zu verbinden und eine Form spiritueller Energie. Sie ist das Attribut des geheimnisvollen Grafen St. Germain, dessen Botschaften E. C. Prophet unter anderem channelt. Heiler und Alchemisten in aller Welt nutzen diese hochfrequente Energie, um Harmonie und Frieden in diese Zeit des spektakulären Übergangs in ein neues Bewusstsein zu bringen. Der Leser erhält in diesem Band unserer "Kleinen Reihe" das Rüstzeug, um mit der Violetten Flamme zu arbeiten.

Elizabeth Clare Prophet & Patricia R. Spadaro

Karma in der Praxis – *Die Zukunft gestalten*

ISBN 978-3-89845-060-7 · 288 Seiten, broschiert · € [D] 6,95

Elizabeth C. Prophet & Mark L. Prophet

Saint Germain

Aus der Fülle schöpfen

ISBN 978-3-89845-250-2 · 152 Seiten, broschiert · € [D] 6,95

Fülle ist mehr als nur Geld. Fülle bezeichnet den Energiefluss, der sowohl als spiritueller als auch als materieller Reichtum aus der kosmischen Quelle zu uns herabströmt. Fülle bedeutet Liebe und Weisheit, Talente und Fähigkeiten, Geld und materielle Besitztümer – all das, was wir benötigen, um unsere Lebensaufgabe zu erfüllen. Die Möglichkeiten, aus der Fülle zu schöpfen, sind unbegrenzt, und anhand der Anleitungen eines der größten Meister, St. Germain, und der einfachen, detailliert beschriebenen Techniken ist es auch Ihnen möglich, aus Ihrer persönlichen Alchemie der Fülle schöpfen zu können ...

Elizabeth Claire Prophet

Seelenpartner & Zwillingsseelen

Die spirituelle Dimension der Liebe und unserer Beziehungen

ISBN 978-3-89845-126-0 · 176 Seiten, broschiert · € [D] 6,95

Die Suche nach der wahren Liebe und nach dem perfekten Partner ist wohl das am meisten behandelte Thema der Weltgeschichte überhaupt. Tatsächlich ist dieser Wunsch nach erfüllender Liebe jedoch eine Suche nach Ganzheit. „Seelenpartner und Zwillingsseelen“ enthüllt mit Wärme und Weisheit die spirituelle Dimension von Beziehungen und zeigt neue Wege auf, um zu Ganzheit und wahrer Liebe zu finden. Sie lernen viel Wissenswertes über Seelenpartner, Duale und karmische Partner, und man beginnt zu verstehen, weshalb man gerade bestimmte Liebschaften in sein Leben zieht – sogar, warum selbst die schwierigste Beziehung geradezu ein Sprungbrett zur perfekten Liebe sein kann.

Trutz Hardo

Das große Handbuch der Reinkarnation

Heilung durch Rückführung

ISBN 978-3-89845-047-8 · 480 Seiten, gebunden
€ [D] 29,90

Jede Krankheit, jedes Problem hat seine Ursache. Oft liegt diese Ursache in einem früheren Leben. Deckt man sie auf, wird häufig eine spontane oder wenigstens allmähliche Heilung erreicht. So heilt die aus Amerika stammende Rückführungstherapie oft dort, wo jede „klassische“ Therapie versagt – von „einfachen“ Beziehungsschwierigkeiten bis hin zu Erkrankungen wie Migräne, psychosomatischen Erkrankungen oder sogar Krebs.
Dieses Handbuch ist mehr als ein Arbeitsbuch für Mediziner oder Therapeuten. Es ist auch für all jene Menschen bestimmt, die Probleme haben oder die krank sind oder sich einfach nur um Heilung Gedanken machen.

Trutz Hardo

Erfahre Deine früheren Leben

ISBN 978-3-931652-28-9, Doppel-CD, je 70 Minuten,
36 Seiten Anleitung · € [D] 36,80

Zum ersten Mal begleitet Sie Deutschlands bekanntester Rückführungsexperte auf 2 CDs in Ihre früheren Leben.
Mit einer Count-Down-Entspannungsmethode wird der Hörer in den Alphazustand versetzt, in welchem es möglich ist, gefahrlos über das Unterbewusstsein frühere Leben wiederzuerleben.

Elisabeth Kübler-Ross

Der Dougy-Brief

Worte an ein sterbendes Kind

ISBN 978-3-89845-033-1 · 16 Seiten, broschiert
€ [D] 6,95

Elisabeth schreibt an einen krebskranken Jungen einen Brief, in welchem sie ihm erklärt, warum es Gott so eingerichtet hat, dass wir Menschen auf Erden geboren werden und wieder sterben müssen. Diesen Brief hat sie mit Buntstiften geschrieben und mit Zeichnungen versehen.

Elisabeth Kübler-Ross

In Liebe leben

ISBN 978-3-89845-024-9 · 64 Seiten, gebunden,
vierfarbig, € [D] 9,90

»In Liebe leben« ist die Essenz der Erfahrungen und Erkenntnisse der weltberühmten Ärztin und Sterbeforscherin Elisabeth Kübler-Ross. Durch ihr eigenes außerkörperliches Erlebnis und die Begleitung vieler Sterbender konnte sie Millionen Menschen die Angst vor dem Tod nehmen und die Bedeutung unseres Erdenlebens vermitteln.
Ein lichtvolles, liebevoll illustriertes Geschenkbüchlein, das uns daran erinnert, was das Wichtigste in unserem Erdendasein ist: »In Liebe leben«.